Ant...

Le Peti...

Adaptation de **Régine Boutégège**
Illustrations d'**Anna et Elena Balbusso**

Écoute l'audio sur ton smartphone

Télécharge
l'App **DeaLink**

Utilise l'App
pour scannériser
la page

Écoute l'audio

Secrétariat d'édition : Maria Grazia Donati
Rédaction : Annalisa Martone
Conception graphique : Sara Fabbri, Silvia Bassi
Mise en page : Annalisa Possenti
Recherche iconographique : Alice Graziotin

Direction artistique : Nadia Maestri

Member of CISQ Federation

RINA
ISO 9001:2008
Certified Quality System

The design, production and distribution of educational materials
for the CIDEB brand are managed in compliance with the rules of the
Quality Management System which fulfils the requirements of the
standard ISO 9001 (Rina Cert. No. 24298/02/S - IQNet Reg. No. IT-80096)

© 2017 Cideb
Première édition : Février 2017

Crédits photographiques :
Shutterstock; iStockphoto; Dreamstime; De Agostini Picture
Library: 4; Peter Newark American Pictures / Bridgeman
Images: 24; © SZ Photo / Scherl / Bridgeman Images: 25;
catwalker / Shutterstock: 55; MONDADORI PORTFOLIO/
AGE: 56; PARAMOUNT PICTURES / Album/
MONDADORI PORTFOLIO: 57; ArtMari / Shutterstock: 58;
MONDADORI PORTFOLIO/RUE DES ARCHIVES/
Collection CSFF: 77h; MONDADORI PORTFOLIO/ALBUM:
b; © Entertainment Pictures/ZUMAPRESS.com/Keystone
Pictures USA/MONDADORI PORTFOLIO: 78, 80.

ISBN 978-88-530-1639-3 Livre + CD
Imprimé en Italie par Italgrafica, Italie.

Tous droits réservés. Toute représentation ou
reproduction intégrale ou partielle de la présente
publication ne peut se faire sans le consentement
de l'éditeur.

Pour toute suggestion ou information, la
rédaction peut être contactée à l'adresse
suivante :

info@blackcat-cideb.com
blackcat-cideb.com

Sommaire

DELF Cette icône signale les activités de type DELF.

LE TEXTE EST ENTIÈREMENT ENREGISTRÉ.

  Le symbole avec le numéro de piste indique une piste présente sur le CD audio inclus. Le symbole MP3 indique une piste téléchargeable depuis notre site, blackcat-cideb.com.

Antoine de Saint-Exupéry

L'enfance

Antoine de Saint-Exupéry est né en 1900 à Lyon, dans une famille de l'aristocratie locale : son père est le comte Jean de Saint-Exupéry, sa mère s'appelle Marie Boyer de Fonscolombe. Il est le troisième de cinq enfants. Quand son père meurt, il a 4 ans.

Sa mère mène une vie nomade et s'installe tour à tour chez ses parents, chez ses tantes, chez ses frères. Elle s'engage[1] comme infirmière pendant la première, puis la seconde guerre mondiale.

Le jeune Antoine commence ses études au collège de Sainte-Croix, à Lyon, puis à Fribourg en Suisse dans un lycée religieux.

La passion de l'aviation

Antoine découvre l'aviation à 12 ans à l'occasion de son baptême de l'air[2]. Il fait ensuite son service militaire dans un régiment d'aviation, mais un accident l'oblige à abandonner l'armée. Il entre alors dans l'aviation civile et travaille pour la société Latécoère basée à Toulouse, puis pour l'Aéropostale. Il transporte le courrier par avion d'abord entre la France et les autres continents, puis en Amérique du Sud.

Après l'armistice[3] de juin 1940, il se réfugie aux États-Unis. En 1943, il rentre en France pour s'engager dans les forces de libération. On lui

---

1. **s'engager** : entreprendre une action.
2. **un baptême de l'air** : premier vol en avion.
3. **un armistice** : convention pour suspendre les hostilités.

confie[4] des missions d'inspection et de cartographie pour préparer et soutenir l'action des alliés. Son avion disparaît[5] le 31 juillet 1944, alors qu'il effectue une mission de reconnaissance en vue du débarquement des alliés en Provence. Antoine de Saint-Exupéry est officiellement mort pour la France, mais les circonstances de sa disparition restent mystérieuses. Son corps n'a pas été retrouvé et les restes de son avion ont été découverts seulement 60 ans plus tard au large de Marseille.

La vie privée

En 1930 à Buenos Aires on lui présente Consuelo Suncin, une jeune femme née au Salvador. C'est un coup de foudre[6] : ils se marient l'année suivante à Nice. Leur vie conjugale est marquée par des crises et des scandales. On dit que c'est elle qui a inspiré le personnage de la Rose : comme la fleur du petit prince, elle est orgueilleuse, capricieuse, parfois insupportable, mais fascinante et unique.

L'écrivain

Il suffit de lire les titres des romans de Saint-Exupéry (*Courrier sud*, *Vol de nuit*, *Terre des hommes*, *Pilote de guerre*) pour constater que toute son œuvre est inspirée par sa passion, l'aviation.

Il écrit *Courrier sud* en 1929 : il vit au sud du Maroc où il est le chef d'aéroplace[7] pour la compagnie Latécoère, qui effectue les liaisons[8] entre Toulouse et le sud du Maroc. Il y dit sa vie de pilote, mais aussi les conséquences du choix de ce métier sur sa vie personnelle.

Vol de nuit (1931) est lié à son expérience en Amérique du Sud, quand

---

4. **confier** : donner.
5. **disparaître** : ne plus être visible.
6. **un coup de foudre** : amour soudain.
7. **l'aéroplace** : anciennement, organisme d'une compagnie aérienne qui organisait les vols sur un aéroport externe.
8. **une liaison** : lien, communication.

la compagnie met en place des vols de nuit entre Buenos Aires et Santiago du Chili. Seul, la nuit, aux commandes de son avion au dessus de la Cordillère des Andes, le pilote laisse remonter ses souvenirs.

Dans *Terre des hommes* (1939) l'auteur raconte les exploits des pilotes de l'Aéropostale et des épisodes de sa propre vie d'aviateur, comme son accident en Lybie, où il se retrouve seul au milieu du désert. Ces récits nourrissent [9] une réflexion dense sur des thèmes universels, qui touchent chaque homme : l'amitié, l'héroïsme, la mort.

Pilote de guerre (1942) est un témoignage sur la débâcle [10] de juin 1940, quand le Maréchal Pétain signe l'armistice avec l'Allemagne, et que des soldats français voient s'écrouler l'idéal pour lequel ils combattaient. Beaucoup chercheront à fuir pour continuer le combat. Antoine de Saint-Exupéry choisit les États-Unis, où il publie ce livre qui soulève contre lui la haine [11] et les accusations de tous ceux qui en France collaborent avec l'Allemagne d'Hitler.

Une histoire universelle

Le roman qui lui apporte un succès mondial est l'histoire d'un aviateur en panne dans le désert. Antoine de Saint-Exupéry commence la rédaction du *Petit Prince* en 1942 aux États-Unis où il est toujours en exil. Il veut écrire un conte, une histoire à la dimension universelle. Il veut aussi l'illustrer, raison pour laquelle il gribouille [12] partout des dessins. C'est ainsi que naît le personnage du petit prince.

Le livre est publié aux États Unis au début du mois d'avril 1943. Une semaine plus tard, Antoine de Saint-Exupéry est appelé en France pour

---

9. **nourrir** : apporter, fournir.
10. **une débâcle** : déroute, ruine.
11. **la haine** : aversion profonde.
12. **gribouiller** : dessiner de manière confuse.

rejoindre les Forces françaises libres, et exécuter pour elles des missions de reconnaissance.

Le Petit Prince est publié en France en 1946, deux ans après sa disparition.

Compréhension écrite

1 À partir des indications données dans le texte, complétez cette fiche biographique d'Antoine de Saint-Exupéry.

1900 : ....   1931 : ....

1912 : ....   1940 : ....

1930 : ....   1943 : ....

Compréhension écrite et orale

piste 02

2 Complétez le texte avec les mots suivants. Ensuite, écoutez et vérifiez.

> île bateau pêcheur écrivain orage plongeurs
> poissons argent bijou accident

La fin du mystère

Le 7 septembre 1998 Jean Claude Bianco, un **(1)** ....
marseillais de 54 ans, est à la barre de l'Horizon, son **(2)** ....
de pêche, entre Marseille et Cassis sous un violent **(3)** ....
Il remonte ses filets, et aperçoit au milieu des **(4)** ....
quelque chose qui brille. Il dégage d'un amas de concrétions une
gourmette en **(5)** .... Dessus, deux noms sont gravés :
Antoine de Saint-Exupéry et Consuelo, ainsi que l'adresse de la
maison d'édition Rayman et Hitchcock à New York. Jean Claude
Bianco n'en revient pas : ça fait des années que des **(6)** ....
cherchent sans succès l'avion de Saint-Exupéry. Le **(7)** ....
est authentifié : c'est bien la gourmette offerte à l'**(8)** ....
par sa maison d'édition. L'épave a été retrouvée en 2004, au large
d'une **(9)** .... proche de Marseille. On sait aujourd'hui
qu'Antoine de Saint-Exupéry n'est pas mort au cours d'un
(10) ...., mais que son avion a été abattu par un pilote
allemand.

Avant de lire

1 Retrouvez dans la grille les mots correspondant aux définitions suivantes.

1   Pour en faire un il faut des crayons.   ....

2   Elle est identique à l'original.   ....

3   Un animal sauvage et féroce.   ....

4   La personne qui écrit un livre.   ....

5   Écraser avec les dents avant d'avaler.   ....

6   Forêt tropicale très dense.   ....

7   On le met sur la tête pour se protéger du froid ou du soleil.   ....

8   Le contraire d'extérieur.   ....

9   Elle nous apprend tout sur la Terre.   ....

10   Moyen de transport très rapide.   ....

11   Il peut conduire une voiture de course ou un avion.   ....

12   Pour être élégant, les hommes en portent une autour du cou.   ....

G	Y	P	I	C	O	P	I	E	A	E
E	E	U	R	I	P	H	E	R	J	O
O	D	S	C	H	A	P	E	A	U	S
G	E	O	R	U	L	M	N	I	N	T
R	S	Q	A	V	I	O	N	C	G	O
A	S	I	V	R	R	E	O	E	L	N
P	I	C	A	C	M	A	C	H	E	R
H	N	A	T	I	V	U	V	T	T	I
I	X	V	E	W	B	T	D	O	U	P
E	P	I	L	O	T	E	G	H	I	J
Z	D	F	E	F	A	U	V	E	N	O
M	T	I	N	T	E	R	I	E	U	R

Mes premiers dessins ————

n jour, à six ans, j'ai vu une magnifique image dans un grand livre sur la forêt vierge. Le titre de ce livre était « Histoires Vécues ». Ce dessin représentait un serpent boa en train d'avaler[1] un fauve. Voici une copie de ce dessin.

piste 03

---

1. **avaler** : manger sans mordre avec les dents.

Sous ce dessin, l'auteur du livre expliquait : « Les serpents boas avalent leur proie [2] entière, ils ne la mâchent pas. Ensuite, ils ne bougent [3] plus, ils dorment pendant six mois pour digérer ».

Les aventures de la jungle me fascinaient. Et à mon tour, j'ai fait mon premier dessin, avec des crayons de couleur. Il était comme ça :

J'ai montré mon dessin numéro un aux grandes personnes, et j'ai demandé :

— Mon dessin vous fait peur ?

Les grandes personnes étaient surprises. Elles m'ont dit :

— Pourquoi ? Un chapeau ne fait pas peur !

Alors, j'ai expliqué aux grandes personnes que mon dessin ne représentait pas un chapeau, mais un boa en train de digérer un éléphant.

---

2.   **une proie** : victime et nourriture d'un autre animal.
3.   **bouger** : s'agiter, se déplacer.

Pour mieux leur faire comprendre, j'ai dessiné l'intérieur du serpent boa. C'est mon dessin numéro deux.

Je leur ai dit :

— Vous voyez, c'est un boa qui digère un éléphant !

Mais les grandes personnes n'ont pas apprécié mon dessin. Elles ont été sévères.

— Laisse tomber[4] le dessin, ce n'est pas important ! Tu dois t'intéresser aux choses sérieuses : l'histoire, la géographie, la grammaire, le calcul.

J'ai donc abandonné ma carrière d'artiste à l'âge de six ans. Je ne pouvais pas expliquer continuellement aux grandes personnes mes dessins. C'était trop fatigant !

Alors, j'ai choisi un autre métier, je suis devenu pilote, pilote d'avion. Dans mon avion, j'ai survolé le monde entier. Grâce à la géographie, j'étais capable de reconnaître, du premier coup d'œil[5], la Chine, l'Arizona, l'océan, le désert du Sahara, la ville de New-York...

---

4. **laisser tomber** : abandonner.
5. **un coup d'œil** : regard très rapide.

C'est vrai, la géographie, c'est très utile quand on est pilote, ça évite de se perdre.

Pendant mes voyages, j'ai rencontré beaucoup de grandes personnes très sérieuses. Pour voir si elles étaient compréhensives, je faisais toujours la même expérience. Je leur montrais mon dessin numéro un, et je leur demandais :

— Qu'est-ce que c'est ? Qu'est-ce que ce dessin représente ?

Et chaque fois, elles me répondaient :

— Mais c'est un chapeau !

C'était toujours pareil [6] ! Je ne pouvais pas leur parler de la jungle, du ventre du boa qui avale un tigre ou un éléphant. Alors je leur parlais des choses qui intéressent les grandes personnes : le bridge, la politique, la couleur des cravates. Ainsi, moi aussi, je faisais semblant [7] d'être raisonnable, comme toutes les autres grandes personnes.

---

6. **pareil** : la même chose.
7. **faire semblant** : faire croire, prétendre.

Après la lecture

Compréhension écrite et orale

1 Écoutez et lisez le chapitre, puis cochez les affirmations exactes.

piste 03

1 ☐ « Histoires vécues » est le titre d'un livre sur la forêt vierge.
2 ☐ L'aviateur a lu ce livre quand il avait dix ans.
3 ☐ Dans ce livre, on parle des boas.
4 ☐ Il dessine un boa qui avale un tigre.
5 ☐ Les grandes personnes ne comprennent pas ses dessins.
6 ☐ Cet enfant a choisi de devenir pilote d'avion.
7 ☐ La géographie ne sert à rien pour un pilote.
8 ☐ La politique est un sujet qui intéresse les grandes personnes.

Grammaire

La forme progressive

On emploie la forme progressive pour indiquer une action d'une certaine durée qui s'accomplit au moment où l'on parle.

Elle se forme :

• verbe **être** + **en train de** + **infinitif**

*Il **est en train de préparer** un gâteau au chocolat.*

• la locution **en train de** + **infinitif**

*Voici un serpent boa **en train d'avaler** un fauve.*

2 Transformez les phrases en utilisant la forme progressive (*être en train de*) ou la seule locution *en train de*.

1 Virginie fait ses devoirs.
Virginie ....
2 Il regarde son chien qui enterre un os.
Il regarde son chien ....
3 Ce dessin représente une lionne qui joue avec ses petits.
Ce dessin représente une lionne ....

4 Papa lave la voiture, va l'aider !

Papa .... !

5 Tu as déjà vu une gazelle qui court ?

Tu as déjà vu une gazelle .... ?

6 Elle fait une recherche sur Internet.

Elle ....

Enrichissez votre vocabulaire

3 Parmi ces animaux cochez les fauves, puis associez à chaque photo le nom correspondant.

a ☐ un lion	f ☐ un rhinocéros
b ☐ un éléphant	g ☐ un guépard
c ☐ une girafe	h ☐ un singe
d ☐ une panthère	i ☐ une hyène
e ☐ un tigre	j ☐ un loup

Production orale

4 Pourquoi l'aviateur n'arrive pas à communiquer avec les grandes personnes ?

5 Vous avez (ou vous avez eu) des difficultés à communiquer avec une grande personne ? Racontez.

Avant de lire

1 Observez les photos, puis cochez les affirmations correctes.

a ☐ Il cligne des yeux.

b ☐ Il ferme les yeux.

c ☐ Il se frotte les yeux.

a ☐ Le chat est dessus.

b ☐ Le chat est dedans.

c ☐ Le chat est dessous.

a ☐ Il sourit.

b ☐ Il rit.

c ☐ Il pleure.

a ☐ C'est un astrologue.

b ☐ C'est un agronome.

c ☐ C'est un astronome.

a ☐ Il porte un costume.

b ☐ Il porte un maillot de bain.

c ☐ Il porte un costume de pirate.

En panne dans le désert

piste 04

Un jour, mon avion est tombé en panne dans le désert du Sahara. J'étais seul, je n'avais pas de mécanicien et je devais vite réparer le moteur, c'était une question de vie ou de mort : j'avais de l'eau uniquement pour huit jours. Le premier soir, je me suis endormi par terre. Je me sentais comme un naufragé au milieu de l'océan. Imaginez ma surprise quand, le matin, j'ai entendu une petite voix. Elle disait :

— S'il vous plaît, dessine-moi un mouton !

J'ai sursauté[1], je me suis frotté les yeux, et j'ai vu un étrange petit garçon. Il me regardait, il avait l'air tranquille. Je lui ai demandé :

— Mais qu'est-ce que tu fais là ?

---

1. **sursauter** : bondir, faire un mouvement brusque.

Alors il a répété :

— S'il vous plaît, dessine-moi un mouton !

— Je ne sais pas dessiner !

— Ça ne fait rien. Dessine-moi un mouton !

Il insistait, alors j'ai dessiné.

Il a regardé le mouton et a dit :

— Non, il est malade ! Je veux un mouton en bonne santé !

J'ai dessiné un deuxième mouton.

— Mais ce n'est pas un mouton, a dit le petit garçon, il a des cornes. C'est un bélier[2].

Il a refusé le troisième dessin, parce que le mouton était trop vieux.

---

2.   **un bélier** : mâle de la brebis.

Alors, j'ai dessiné une caisse, et je lui ai dit :
— Voilà la caisse, le mouton est dedans.

— C'est exactement ce que je voulais ! a dit le petit garçon. Tu crois qu'il mange beaucoup d'herbe ?
— Pourquoi ? ai-je demandé.
— Parce que chez moi, sur ma planète, c'est tout petit.
Puis, il a regardé mon avion. Il était étonné.
— Qu'est-ce que c'est ?
— C'est un avion, c'est mon avion. Je sais voler !
Je pensais impressionner ce petit bonhomme [3], mais il s'est mis à rire.
— Alors tu es tombé du ciel ? De quelle planète viens-tu ?
— Quoi ? Tu viens d'une autre planète ?
Le petit garçon ne m'a pas répondu, il a regardé mon avion, et m'a dit :
— Avec cet engin [4], tu ne dois pas venir de très loin !
Je voulais savoir d'où il venait. Je lui ai demandé :
— D'où viens-tu ? Où veux-tu emmener [5] ton mouton ? Si tu veux je te donne une corde pour l'attacher [6] !
Il s'est mis à rire.
— Quelle drôle d'idée, ce n'est pas la peine d'attacher mon mouton, il ne peut pas se perdre sur ma planète, elle est trop petite.

---

3. **un bonhomme** : individu.
4. **un engin** : instrument, appareil.
5. **emmener** : conduire, emporter.
6. **attacher** : fixer, accrocher.

CHAPITRE 2

Je sais bien que dans l'univers il y a de grosses planètes : Terre, Jupiter, Vénus. Je sais aussi qu'il y a beaucoup de petites planètes, qui n'ont pas de nom. Quand un astronome en découvre une, il lui donne un numéro. Je crois que le petit prince venait de l'astéroïde B612, une planète minuscule. C'est un astronome turc qui l'a découverte en 1909, mais quand il a présenté sa découverte à un congrès international d'astronomie, personne ne l'a cru, parce qu'il portait un drôle de costume turc. Heureusement, il a refait sa démonstration en 1920. Cette fois-ci, il portait un costume et une cravate. Alors, les astronomes l'ont cru, et ils ont applaudi sa découverte. Les grandes personnes sont vraiment bizarres[7]. Elles aiment les chiffres, elles ne font pas attention à l'essentiel. Par exemple, si vous dites à une grande personne : « J'ai un nouvel ami à l'école » elle ne vous demande pas : « À quoi il aime jouer ? » ou « Il collectionne les papillons ? ». Non, une grande personne demande : « Que fait son père ? Combien il gagne[8] ? ».

Je crois qu'il est important de donner l'adresse du petit prince, pour faire comprendre qu'il existe vraiment. C'est important aussi de le décrire, pour ne pas l'oublier. J'ai essayé de le dessiner, mais c'est difficile. Je le fais trop grand, trop petit, trop maigre. Je ne me rappelle pas bien la couleur de son costume, j'ai peur de me tromper[9].

Six ans ont passé, et je n'ai pas oublié ces quelques jours dans le désert avec mon ami.

---

7. **bizarre** : étrange.
8. **gagner** : recevoir de l'argent pour son travail.
9. **se tromper** : commettre une erreur.

Après la lecture

Compréhension écrite et orale

① Écoutez et lisez le chapitre, puis répondez aux questions.

piste 04

1 Où l'aviateur tombe-t-il en panne ?

....

2 Pour combien de jours a-t-il de l'eau ?

....

3 Que lui demande le petit garçon ?

....

4 Pourquoi le petit garçon refuse les premiers dessins ?

....

5 Que représente le dernier dessin ?

....

6 Comment est la planète du petit prince ?

....

7 Comment s'appelle la planète du petit prince ?

....

8 De quelle nationalité est l'astronome qui a découvert cette planète ?

....

Grammaire

> **Les adjectifs ordinaux**
>
> Pour former l'adjectif ordinal, on ajoute le suffixe **-ième** au chiffre ou au nombre :
>
> *deux* → **deuxième**   *sept* → **septième**
>
> Quand le chiffre ou le nombre se termine par -e, on supprime ce -e :
>
> *onze* → **onzième**   *cinquante* → **cinquantième**
>
> Attention aux exceptions :
>
> *un* → **premier** (mais *vingt et un, trente et un*, etc. → *vingt et* **unième**, *trente et* **unième**, etc.)
>
> *cinq* → *cinquième*   *neuf* → *neuvième*

2 Complétez les phrases en remplaçant le nombre ou le chiffre entre parenthèses par un adjectif ordinal.

1 Le petit prince a accepté le (*4*) .... dessin de l'aviateur.

2 Marseille a terminé (*5*) .... au championnat de France de foot.

3 Nous sommes nés au (*21*) .... siècle.

4 C'est la (*10*) .... fois que tu arrives en retard, tu ne peux pas entrer en classe.

Enrichissez votre vocabulaire

3 Associez chaque définition des composants du système solaire au mot correspondant.

1 ☐ C'est une boule de feu.	**a**	un astéroïde
2 ☐ C'est la seule planète habitée.	**b**	la lune
3 ☐ C'est un satellite de la Terre.	**c**	une comète
4 ☐ C'est un corps céleste gazeux lumineux.	**d**	le Soleil
5 ☐ C'est une pierre plus ou moins grande qui tourne autour du Soleil.	**e**	la Terre
6 ☐ C'est un corps céleste fait de gaz et de poussière, comme celle de Halley.	**f**	une étoile

Production écrite et orale

4 DELF Nous avons tous des préjugés (des idées préconçues, des clichés) sur les uns et sur les autres. Quels jugements personnels portez-vous...

• Sur les garçons (pour les filles) ?

• Sur les filles (pour les garçons) ?

• Sur des personnes venant d'un autre pays ?

• Sur les personnes âgées ?

Les frères Wright font voler le premier avion à moteur en 1903.

Petite histoire de l'aviation

Le rêve d'Icare se réalise entre le XIXe et le XXe siècle, quand les hommes commencent à voler. Si les premières machines à voler ressemblent à celles imaginées par Léonard de Vinci au XVe siècle, les prototypes deviennent plus puissants, et raccourcissent[1] les distances.

Les pionniers, ces merveilleux « fous volants »

Entre 1890 et 1897, Clément Ader, ingénieur et inventeur français, met au point trois appareils (l'Éole, le Zéphir puis l'Aquilon) qui s'inspirent des ailes de la chauve-souris[2]. Le premier ne parcourt en vol que 50 mètres, le troisième 300 mètres.

En 1903, les frères Orville et Wilbur Wright font voler le premier avion à moteur, sur une plage des États-Unis. Certes, c'est un « saut de puce » de 250 mètres à 3 mètres au-dessus du sol mais... un début prometteur.

Au-dessus des mers et des océans

Louis Blériot est surnommé « le roi de la casse », pour les nombreux appareils qu'il a détruits au cours de tentatives infructueuses. Mais le

---

1. **raccourcir** : réduire.
2. **une chauve-souris** : mammifère volant à ailes membraneuses.

25 juillet 1909, il est le premier à réussir la traversée de la Manche, de Calais à Douvres, aux commandes de son avion, le Blériot III. C'est un vol de 40 kilomètres, sans instruments de bord pour se repérer. Ce sont les bateaux qu'il voit tout en dessous de son appareil, qui lui indiquent la bonne direction.

En 1913, Roland Garros traverse la Méditerranée. Il décolle de Saint-Raphaël sur la côte d'Azur, et atterrit à Bizerte en Tunisie. Il est resté 7h53 aux commandes de son monoplan[3].

Le 8 mai 1927 l'aviateur Charles Nungesser et son mécanicien François Coli partent du Bourget, aux commandes de l'Oiseau blanc, pour traverser l'Atlantique. Ils s'élancent[4] au-dessus de l'Atlantique à Étretat, sur la côte normande. Mais leur avion disparaît non loin de la côte américaine, et ne sera jamais retrouvé.

Deux semaines plus tard, l'américain Charles Lindbergh décolle de New York à bord du *Spirit of Saint Louis*, pour tenter à son tour la traversée de l'Atlantique, dans le sens inverse. Il arrive au Bourget après 33 heures et 30 minutes de vol, naturellement sans escale[5].

Le *Spirit of Saint Louis*.

---

3. **un monoplan** : avion qui a un seul plan.
4. **s'élancer** : se jeter en avant.
5. **une escale** : un arrêt, une interruption de vol.

Rapprocher les hommes

Les exploits de Louis Blériot et de Charles Lindbergh ouvrent la voie à l'aéropostale : le transport du courrier par avion. À l'origine de ce projet il y a un toulousain, Pierre Georges Latécoère. À la fin de la première guerre mondiale, il met sur pied une ligne aérienne entre Toulouse, l'Espagne et le Maroc.

Quelques années plus tard, sa compagnie devient l'Aéropostale : un « géant » qui possède 200 avions, et pour lequel travaillent 51 pilotes dont Jean Mermoz et Antoine de Saint-Exupéry. Les vols de l'Aéropostale relient l'Europe à l'Amérique du Sud. Ils volent aussi de nuit, et c'est une première !

Quant au transport des passagers payants, il commence pratiquement avec l'aviation. L'unique passager qui pouvait prendre place à côté du pilote payait très cher sa place ! Les grandes compagnies aériennes, nationales et privées, sont nées entre les deux guerres. Aujourd'hui, l'Airbus A380 transporte 853 passagers.

Des machines de guerre

L'armée s'est immédiatement intéressée aux nouveaux engins volants. Pendant la première et la seconde guerre mondiale, l'aviation a joué un rôle déterminant.

Entre 1914 et 1918, la guerre se combat aussi dans les airs. La France engage dans ce conflit 150 avions. Ce sont des engins de reconnaissance, qui permettent d'observer les positions de l'armée ennemie. Ce sont ensuite des machines de destruction qui lancent leurs bombes sur les populations.

Ces quatre années sont marquées par de véritables duels aériens, qui opposent les « as » des armées ennemies. Le baron rouge (Manfred von Richthofen) est devenu une véritable légende. Vainqueur de 80 « duels de l'air », il est abattu à la fin de la guerre, en 1918.

Les avions qui survolent le monde pendant la seconde guerre mondiale sont beaucoup plus perfectionnés. L'aviation a joué un rôle déterminant à tous les moments clés de cette guerre. L'attaque de l'aviation japonaise contre la base américaine de Pearl Harbor provoquera l'entrée en guerre des États-Unis et le 6 juin 1944 c'est le débarquement en Normandie : alors que la marine débarque 130 000 soldats, les aviations alliées larguent [6] 24 000 parachutistes sur les côtes normandes. Enfin, le 6 août 1945, le bombardier quadrimoteur américain Enola Gay lance la première bombe atomique au dessus de Hiroshima.

Compréhension écrite

1 Lisez le dossier, puis dites si les affirmations suivantes sont vraies (V) ou fausses (F). Corrigez les affirmations fausses.

		V	F
1	Le « Zéphir » est un avion sans moteur.	☐	☐
2	Charles Lindbergh est le premier aviateur à avoir traversé l'océan Atlantique.	☐	☐
3	Orville et Wilbur Wright ont réussi à s'élever à 300 mètres au-dessus du sol.	☐	☐
4	Le baron rouge est le surnom d'un « as » du ciel pendant la seconde guerre mondiale.	☐	☐
5	L'Aéropostale assure la distribution du courrier entre l'Europe et l'Amérique du Sud.	☐	☐
6	Clément Ader a été un pilote de l'Aéropostale.	☐	☐
7	Le 6 juin 1944, tous les soldats alliés sont arrivés par la mer.	☐	☐
8	Enola Gay est le nom du pilote qui a lancé la bombe atomique sur Hiroshima.	☐	☐
9	L'Airbus A380 peut transporter plus de 800 passagers.	☐	☐
10	Les premières compagnies aériennes ont été créées après la seconde guerre mondiale.	☐	☐

---

6. **larguer** : jeter.

Avant de lire

1 Les mots suivants sont dans le chapitre 3. Associez chaque mot à l'image correspondante.

a un troupeau **b** des boulons **c** un coucher de soleil
d un arbuste **e** une épine

2 Regroupez les mots qui ont un rapport entre eux.

panne silencieux vaches sérieux baobabs boulon moutons
réparer inquiet épines éléphants arbustes desserrer avion

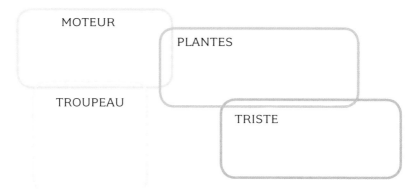

MOTEUR

PLANTES

TROUPEAU

TRISTE

La planète du petit prince

piste 05

eu à peu j'ai appris à connaître le petit prince, sa vie et sa planète. Il me parlait quand je réparais le moteur de mon avion. Il avait toujours à la main le dessin du mouton. Il imaginait déjà la vie du mouton sur sa planète. Un jour, il m'a demandé :

— C'est vrai que les moutons mangent les arbustes ?

— Oui, c'est vrai.

— Alors, je suis content ! Si le mouton mange les arbustes, il mange aussi les baobabs.

Je me suis mis à rire, j'ai expliqué au petit prince que les baobabs ne sont pas des arbustes, ce sont des arbres énormes. Je lui ai dit :

— Pour manger un baobab, il faut un troupeau d'éléphants !

Le petit prince a éclaté de rire [1] :

---

1. **éclater de rire** : rire brusquement et de manière très forte.

CHAPITRE **3**

— Un troupeau d'éléphants sur ma planète, ce n'est pas possible, ou alors, il faut les mettre l'un sur l'autre.

Puis, il m'a parlé des baobabs. Sur sa planète minuscule, il y a beaucoup de pousses[2] de baobabs, et il faut les déraciner[3], tous les jours. Il m'a expliqué sérieusement le danger des baobabs :

— Si les baobabs poussent[4] sur ma planète, elle risque d'éclater.

Sur ma planète, je faisais le ménage[5] tous les matins. C'était ennuyeux, mais très facile, et surtout très utile. C'est une question de discipline.

— Pourquoi de discipline ?

— Mais parce que si je ne soigne pas ma planète, elle risque de disparaître ! C'est très important de bien faire le ménage sur sa planète tous les matins.

Un autre jour — c'était le quatrième jour, et mon moteur n'était pas encore réparé —, le petit prince a interrompu mon travail.

— On va voir un coucher de soleil ? J'aime bien regarder les couchers de soleil !

C'était le milieu de la journée, et il faisait très chaud. Je transpirais. J'ai regardé le petit prince.

— Voir un coucher de soleil ? Mais c'est trop tôt ! Il faut attendre...

— Attendre quoi ?

— Mais le soir, quand le soleil se couche.

Le petit prince s'est mis à rire.

— J'oublie toujours que je ne suis plus sur ma planète. Tu sais, chez moi, sur ma planète, pour voir un coucher de soleil, il suffit

---

2. **une pousse** : croissance, développement des graines et des boutons des végétaux.
3. **déraciner** : arracher une plante.
4. **pousser** : grandir.
5. **le ménage** : travaux d'entretien.

de faire quelques pas. Un jour, j'ai vu le soleil se coucher quarante-quatre fois.

— Tu aimes les couchers de soleil ?

— Oui, quand on est triste, on aime beaucoup les couchers de soleil.

— Tu étais triste ce jour-là ?

Il n'a pas répondu. Le cinquième jour, le petit prince m'a brusquement demandé :

— Un mouton, s'il mange les arbustes, il mange aussi les fleurs ?

— Bien sûr, un mouton mange tout ce qu'il trouve.

— Même les fleurs qui ont des épines ?

— Oui, bien sûr !

— Alors, à quoi elles servent les épines ?

Je devais desserrer un boulon[6] du moteur, je n'avais plus beaucoup d'eau. Le petit prince a insisté :

— Alors, elles servent à quoi les épines ?

Je lui ai répondu brusquement :

— Les épines, ça ne sert à rien ! C'est de la pure méchanceté[7] de la part des fleurs.

Il est resté un instant silencieux. Puis il m'a dit :

— Vraiment, tu crois que les fleurs...

— Je ne crois rien ! Je dois m'occuper de choses sérieuses !

— Qu'est-ce que c'est, des choses sérieuses ? a répliqué le petit prince. Les fleurs et les épines, c'est sérieux. Les fleurs ont des épines et les moutons mangent les fleurs. La guerre des moutons et des fleurs, c'est très sérieux ! Moi, je connais une fleur...

---

6. **desserrer un boulon** : dévisser.

7. **méchanceté** : caractère méchant.

Après la lecture

Compréhension écrite et orale

1 **DELF** Écoutez et lisez le chapitre, puis cochez les affirmations exactes.

piste 05

1 Sur la planète du petit prince il y a
   - **a** ☐ un troupeau d'éléphants.
   - **b** ☐ des pousses de baobabs.
   - **c** ☐ des baobabs géants.

2 Le petit prince fait le ménage sur sa planète
   - **a** ☐ une fois par mois.
   - **b** ☐ une fois par semaine.
   - **c** ☐ une fois par jour.

3 Sur sa planète, le petit prince peut voir
   - **a** ☐ plusieurs couchers de soleil par jour.
   - **b** ☐ un coucher de soleil par mois.
   - **c** ☐ deux couchers de soleil par semaine.

4 Le cinquième jour, le petit prince parle
   - **a** ☐ des baobabs.
   - **b** ☐ des épines des fleurs.
   - **c** ☐ des éléphants.

5 L'aviateur est nerveux parce qu'il
   - **a** ☐ n'arrive pas à réparer son moteur.
   - **b** ☐ ne sait pas répondre au petit prince.
   - **c** ☐ n'aime pas les couchers de soleil.

6 Pour l'aviateur, les épines servent aux fleurs pour
   - **a** ☐ se défendre.
   - **b** ☐ être plus belles.
   - **c** ☐ faire mal.

2 Écoutez à nouveau le début du chapitre, puis soulignez les passages qui ne correspondent pas à ce que vous entendez.

piste 05

Peu à peu, j'ai appris à connaître le petit prince, sa ville et sa planète.
Il me parlait quand je réparais le moteur de mon hydravion. Il tenait
toujours à la main le dessin du lion. Il imaginait déjà la vie du mouton sur
la Terre. Un jour, il m'a demandé :
— C'est vrai que les moutons mangent les arbres ?
— Oui, c'est vrai.
— Alors, je suis content ! Si le mouton mange les arbustes, il mange aussi
les boas.

Grammaire

La phrase hypothétique

Pour construire une phrase hypothétique qui exprime une possibilité
dans le présent ou dans le futur, on utilise le schéma suivant :

Hypothétique	Principale	
Si + présent	Présent	*Si le mouton **mange** les arbustes, il **mange** aussi les baobabs.*
Si + présent	Futur	*Si je ne **soigne** pas ma planète, elle **disparaîtra**.*
Si + présent	Impératif	*Si tu n'**aimes** pas ce mouton, **dessines**-en un autre !*

3 Conjuguez le verbe entre parenthèses au temps qui convient : présent, futur ou impératif.

1 Si l'aviateur (*ne pas réussir*) .... à réparer son moteur, il (*risquer*) .... de mourir de soif.

2 Si tu (*désirer*) .... voir un coucher de soleil, (*déplacer*) .... ta chaise !

3 S'il (*faire*) .... trop chaud, (*aller*) .... à l'ombre !

4 Si tu (*attendre*) .... ce soir, tu (*voir*) .... un magnifique coucher de soleil.

5 Si les baobabs (*pousser*) .... sur ma planète, elle (*éclater*) ....

6 Si vous (*ne pas respecter*) .... votre planète, elle (*disparaître*) ....

Enrichissez votre vocabulaire

4 De quel arbre ou de quelle plante sont tombés ces fruits ? Associez chaque mot à l'image correspondante.

a   un prunier   c   un oranger   e   un pommier

b   un poirier   d   un cerisier   f   un pêcher

Compréhension orale

piste 06

5 **DELF** Écoutez l'enregistrement de l'interview imaginaire à Antoine de Saint-Exupéry, puis cochez les affirmations exactes.

1   Antoine de Saint-Exupéry a eu un accident dans le désert en

    a ☐ 1905.   b ☐ 1923.   c ☐ 1935.

2   Il voulait battre le record de vitesse

    a ☐ Paris-Dijon.   b ☐ Paris-Saigon.   c ☐ Paris-Japon.

3   Il est resté dans le désert pendant

    a ☐ 3 jours.   b ☐ 13 jours.   c ☐ 30 jours.

4   André Prévot était

    a ☐ un bédouin.   b ☐ un mécanicien.   c ☐ un informaticien.

5   Ils ont été sauvés par

    a ☐ des pompiers.   b ☐ des bédouins.   c ☐ des secouristes.

Avant de lire

1 Les mots suivants sont dans le chapitre 4. Associez chaque mot à l'image correspondante.

a   une graine   d   un bouton (de fleur)   g   une chenille

b   une muselière   e   un paravent   h   un papillon

c   une armure   f   un parfum   i   un globe

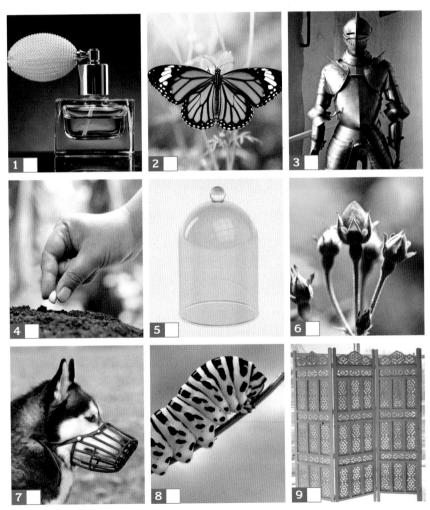

CHAPITRE 4

La rose ━━━━━━━━

piste 07

Le petit prince était triste et en colère. J'étais surpris. J'ai oublié mon avion, le désert, l'eau pour l'écouter.

— Moi, je connais une fleur unique au monde, elle existe seulement sur ma planète. Et un petit mouton peut la faire disparaître comme ça, pour rien ! C'est important !

Il était tout rouge, il a continué.

— Si quelqu'un aime une fleur unique, il sait qu'elle est sur sa planète, quand il regarde toutes les étoiles, il pense à elle, il pense : « Sur une de ces étoiles, il y a une fleur que j'aime » et il est heureux. Si le mouton mange la fleur, c'est fini !

Le petit prince s'est mis à pleurer. Je devais consoler ce petit garçon. Je l'ai pris dans mes bras, je lui ai dit :

— Si tu veux, je vais dessiner une muselière au mouton, il ne pourra pas manger ta fleur, ou alors je vais fabriquer une armure pour la protéger...

Alors le petit prince m'a parlé de sa fleur. Un jour, une graine inconnue est tombée sur la planète. Il l'a surveillée parce qu'il avait peur de voir pousser une nouvelle espèce de baobab. Mais une plante inconnue est sortie de terre et soudain, au sommet d'une tige [1], il a vu un grand bouton. Le bouton a mis beaucoup de temps avant de s'ouvrir, la fleur se préparait, elle voulait être belle.

Un matin enfin, elle s'est montrée au petit prince.

Elle a baillé [2] longuement, et elle lui a dit :

— Ah, je me réveille, excusez moi, je suis décoiffée [3]...

— Vous êtes belle, a dit le petit prince.

— Oui, a répondu la fleur, je suis née avec le soleil. C'est l'heure du petit déjeuner !

Alors le petit prince lui a donné un peu d'eau fraîche.

La rose était coquette [4], exigeante, orgueilleuse et un peu menteuse. Elle ne se rendait pas compte de l'amour du petit prince.

Un jour, il regardait ses épines. Il ne comprenait pas à quoi elles servaient, donc elle lui a expliqué :

— C'est pour les tigres, ils peuvent venir !

— Mais il n'y a pas de tigres sur ma planète, et puis, ils ne mangent pas l'herbe.

— Je ne suis pas une herbe, je suis une fleur, a dit la rose vexée [5]. J'ai horreur des courants d'air. Je voudrais un paravent. Il fait froid le soir ici, vous devez me mettre sous un globe, pour me protéger.

---

1. **une tige** : axe principal d'une plante.
2. **bailler** : ouvrir largement la bouche.
3. **décoiffer** : déranger une coiffure.
4. **coquette** : qui aime plaire.
5. **vexé** : blessé, offensé.

Ainsi, tous les matins, le petit prince donnait un peu d'eau à sa fleur. Le soir, il la mettait sous un globe de verre ; quand il y avait du vent, il l'abritait [6] derrière un paravent. Mais il était malheureux : sa rose ne l'aimait pas, elle ne pensait qu'à elle !

Il m'a confié :

— Je ne devais pas l'écouter. Les fleurs, il faut les regarder, les aimer, sentir leur parfum, mais il ne faut pas les écouter.

Il était trop malheureux, alors il a décidé de partir. Il a mis en ordre sa planète, il a arraché les dernières pousses de baobab, il a nettoyé ses volcans, puis il s'est occupé de sa fleur. Il lui a dit adieu.

La fleur n'a pas répondu, il a répété :

— Adieu !

La fleur a toussé, et elle a dit :

— Je te demande pardon, j'ai été sotte [7]. Je t'aime, mais tu ne peux pas le savoir. C'est de ma faute.

Il voulait mettre le globe pour la protéger du froid, elle a protesté :

— Laisse ce globe, je n'en ai pas besoin. Tu as décidé de partir, pars.

Le petit prince a insisté :

— Mais les bêtes...

— Je peux supporter les chenilles, comme ça je verrai les papillons. Pars !

Le petit prince l'a regardée une dernière fois. Il est parti. Alors, la fleur a pleuré.

---

6. **abriter** : protéger.
7. **sot** : idiot.

Après la lecture

Compréhension écrite et orale

piste 07

1 Écoutez et lisez le chapitre, puis cochez les affirmations exactes.

1. ☐ L'aviateur ne veut pas consoler le petit prince.
2. ☐ La rose est sortie de terre très vite.
3. ☐ Le petit prince aime la rose.
4. ☐ La rose est coquette et menteuse.
5. ☐ Le petit prince donne de l'eau à la rose tous les soirs.
6. ☐ La rose est contente quand le petit prince part.

2 Lisez à nouveau le chapitre, puis remettez dans l'ordre chronologique de l'histoire les différents épisodes.

1. ☐ Le petit prince dit adieu à la rose.
2. ☐ Le petit prince met sa planète en ordre.
3. ☐ La rose se met à pleurer.
4. ☐ La rose refuse le globe du petit prince.
5. ☐ Une graine inconnue tombe sur la planète du petit prince.
6. ☐ La rose s'ouvre.

Grammaire

Indiquer une obligation

Pour indiquer une obligation, on peut utiliser :

- la forme impersonnelle **il faut** + **infinitif**

Il faut aimer les fleurs.

Présent	Imparfait	Passé composé	Futur
Il faut	Il fallait	Il a fallu	Il faudra

- le verbe **devoir** + **infinitif**

Tu dois t'occuper de choses sérieuses.

Présent	Imparfait	Passé composé	Futur
Je dois...	Je devais...	J'ai dû...	Je devrai...

3 Conjuguez le verbe *devoir* au temps demandé.

1 Hier, nous (*passé composé*) .... annuler notre sortie à cause du mauvais temps.

2 Il (*présent*) .... être plus attentif en classe !

3 Nous (*futur*) .... prendre soin de notre planète, pour éviter une catastrophe.

4 Vous (*présent*) .... apporter vos livres en classe.

5 L'été prochain, tu (*futur*) .... faire un stage.

6 L'aviateur (*imparfait*) .... absolument finir de réparer son moteur.

4 Transformez les phrases avec l'expression impersonnelle *il faut*.

Pour prendre soin de notre planète...

1 On ne doit rien jeter par terre.

....

2 On doit consommer moins.

....

3 On doit se déplacer à pied ou à bicyclette.

....

4 On doit choisir des produits recyclés.

....

5 On ne doit pas gaspiller.

....

6 On doit faire attention à sa consommation d'eau.

....

5 Transformez les phrases avec l'expression impersonnelle *il faut* au temps qui convient.

1 On a dû annuler le match à cause de la pluie.

....

2 On ne devra pas oublier nos billets.

....

3 En été, on devait faire la sieste tous les après-midi.

....

4 Si tu veux un chien, tu devras bien t'en occuper.

....

5 Vous devez vous lever plus tôt si vous voulez arriver à l'heure.

....

6 Il a fait très chaud, nous avons dû arroser les plantes tous les jours.

....

Enrichissez votre vocabulaire

6 La rose est « coquette », « exigeante », « orgueilleuse », « menteuse » et « sotte ». Complétez les phrases avec ces adjectifs.

1 Elle veut être très belle, elle est ....

2 Elle ne comprend pas l'amour du petit prince, elle est ....

3 Elle ne dit pas la vérité, elle est ....

4 Elle veut que le petit prince s'occupe beaucoup d'elle, elle est ....

5 Elle ne veut pas admettre ses erreurs, elle est ....

7 Quels sont les traits dominants de votre caractère ? Choisissez au moins 6 adjectifs parmi les suivants et justifiez votre réponse en donnant pour chaque adjectif choisi un exemple de votre comportement.

Ex. : *Je suis timide : quand je suis avec des personnes que je ne connais pas je ne parle pas.*

timide susceptible égoïste altruiste gai / gaie renfermé /
renfermée optimiste dynamique paresseux / paresseuse
pessimiste peureux / peureuse téméraire

Compréhension orale

8 Écoutez l'enregistrement, puis complétez le texte.

Alors le petit prince m'a parlé de .... Un jour, ... est tombée sur sa planète. Il l'a surveillée parce qu'il avait peur de voir pousser une .... de .... Mais .... inconnue est sortie de terre et soudain, au sommet d'..................., il a vu .... Le bouton a mis .... avant de s'ouvrir, la fleur se préparait, elle voulait être belle. .... enfin, elle s'est montrée au petit prince.

La rose était ...., ..., ... et un peu .... Elle ne se rendait pas compte de ....

Un jour, il regardait .... Il ne comprenait pas à quoi elles servaient, elle lui a expliqué :

— ...., ils peuvent venir !

Production orale

9 « Si quelqu'un aime une fleur unique, il sait qu'elle est sur sa planète, quand il regarde toutes les étoiles, il pense à elle, il pense : « Sur une de ces étoiles, il y a une fleur que j'aime » et il est heureux ». La fleur est unique pour le petit prince. Comment comprenez-vous cet adjectif ? Avez-vous un objet ou un animal qui pour vous est « unique » ? Décrivez cet objet ou cet animal et dites ce qui le rend unique à vos yeux.

Avant de lire

1 Les légendes et les photos ont été mélangées : rétablissez l'ordre correct.

a ☐ Il compte.   b ☐ Il boit.   c ☐ Il allume une lampe.

a ☐ Il commande.   b ☐ Il obéit.   c ☐ Il baille.

a ☐ Il est assis.   b ☐ Il est debout.   c ☐ Il est couché.

a ☐ Une migration d'oies sauvages.   b ☐ Un troupeau de moutons.   c ☐ Un banc de sardines.

Un long voyage

piste 09

Le petit prince a profité d'une migration d'oies sauvages pour quitter[1] sa fleur. Il s'est arrêté dans la région des astéroïdes 326, 327, 328, 329 et 330. Il les a visités pour s'instruire.

Sur le premier astéroïde vivait un roi. Il était assis sur un trône, et portait un long manteau d'hermine[2].

Quand il a vu le petit prince, il s'est exclamé :

— Ah, voilà un sujet[3]. Approche-toi, je veux te voir. Et assieds-toi !

Le roi était vraiment content d'avoir enfin un sujet, d'être le roi de quelqu'un.

La planète était minuscule, et le manteau du roi prenait toute la

---

1. **quitter** : abandonner.
2. **une hermine** : petit mammifère.
3. **un sujet** : personne soumise à une autorité.

place. Le petit prince ne pouvait pas s'asseoir, il est resté debout. Il était fatigué, et il a baillé.

— Je t'interdis de bailler ! Un sujet ne baille pas devant son roi.

— Mais je suis fatigué, j'ai fait un long voyage. Je ne peux pas m'empêcher[4] de bailler.

— Alors, je t'ordonne de bailler, a dit le roi avec autorité.

Le petit prince curieux a demandé :

— Mais sur quoi régnez-vous ?

— Sur tout ça, a répondu le roi.

— Tout ça ? Les étoiles vous obéissent ? a demandé le petit prince, très impressionné.

— Bien sûr, a dit le roi.

C'était un monarque absolu universel. Comme le petit prince s'ennuyait, il a dit au roi :

— Je n'ai plus rien à faire ici, je vais partir.

Mais le roi était trop fier d'avoir un sujet. Pour retenir le petit prince, il lui a promis de le nommer ministre de la justice. Mais le petit prince ne voulait juger personne. Il a proposé au roi :

— Votre majesté pourrait m'ordonner de partir.

— D'accord, a dit le roi. Pars, je te nomme mon ambassadeur.

Le petit prince est parti. Il pensait que vraiment les grandes personnes étaient étranges.

Sur une autre planète, le petit prince a rencontré un buveur. Cet homme était assis à une table, devant un verre, des bouteilles vides et des bouteilles pleines.

— Pourquoi bois-tu ? lui a demandé le petit prince.

— Pour oublier.

— Pour oublier quoi ?

---

4. **s'empêcher** : se retenir.

— Que j'ai honte [5] de boire, a répondu le buveur.

Le petit prince a continué son voyage et il est arrivé sur une planète qui était habitée par un businessman. C'était un homme très occupé à compter. Le petit prince l'a salué poliment :

— Bonjour.

Il n'a pas levé les yeux, il a continué à compter :

— Trois et deux font cinq, cinq et sept douze et... ça fait cinq cent millions six cent vingt-deux mille sept cent trente et un.

— Cinq cent millions de quoi ? a demandé le petit prince.

— Heu... Je ne sais plus, j'ai oublié. Tais-toi, ne me dérange [6] pas.

Mais le petit prince était têtu, il a insisté :

— Cinq cent millions de quoi ?

— J'ai oublié, je t'ai dit !

— Cinq cent millions de quoi ?

— Ah, ces petites choses dans le ciel.

— Cinq cent millions de mouches ?

— Mais non, ces petites choses qui brillent dans le ciel.

— Ah, des étoiles ?

— Oui, c'est ça... des étoiles.

— Mais pourquoi tu comptes les étoiles ? Pour quoi faire ?

— Parce qu'elles sont à moi !

— Et qu'est-ce que tu fais avec toutes ces étoiles ?

— Rien, je ne fais rien. Mais elles sont à moi.

— Mais à quoi ça sert alors ?

— À rien, mais je suis riche.

— Moi, dit le petit prince, je possède une fleur, trois volcans, et je m'en occupe. Toi avec tes étoiles, qu'est-ce que tu fais ?

---

5. **avoir honte** : ne pas être fier de quelque chose.
6. **déranger** : gêner, interrompre.

— Je les place à la banque ! J'écris sur un papier le nombre de mes étoiles, et je le mets dans un coffre-fort[7] !

— Ce n'est pas très sérieux, dit le petit prince. Tu n'es pas utile pour les étoiles, tu ne fais rien pour elles. Moi, ma fleur, mes volcans, je m'en occupe, ils ont besoin de moi.

Comme le businessman ne répondait pas, le petit prince est parti vers une autre planète minuscule. Il a rencontré un allumeur de réverbères[8]. Immédiatement, le petit prince a aimé cet homme : enfin quelqu'un qui faisait quelque chose d'utile ! Mais l'homme n'arrêtait jamais d'allumer et d'éteindre[9] son réverbère.

— Qu'est-ce que tu fais ? a demandé le petit prince intrigué. Pourquoi tu ne t'arrêtes pas ?

— Ma planète tourne de plus en plus vite. Même si le jour et la nuit durent une minute, je dois faire mon travail. C'est la consigne ! a expliqué l'homme tout essoufflé[10].

Le petit prince l'a regardé un moment. Il pensait : « Cet homme-là est le seul qui ne s'occupe pas que de lui. Il pourrait être mon ami ».

Mais la planète était trop petite pour deux, alors il est reparti.

Sur la sixième planète, il a trouvé un monsieur qui écrivait des livres.

— Qui êtes-vous, que faites-vous ? a demandé le petit prince.

— Je suis géographe. Et toi, tu es explorateur ?

Le petit prince est curieux. Il a demandé :

— C'est quoi, un géographe ?

---

7.   **un coffre-fort** : coffre utilisé pour renfermer de l'argent ou des objets de valeur.
8.   **un réverbère** : lanterne de verre qui contient une lampe et sert à éclairer.
9.   **éteindre** : faire cesser le fonctionnement.
10.   **être essoufflé** : avoir une respiration rapide et profonde après un effort.

— C'est un savant[11]. Je sais situer les mers, les fleuves, les villes, les montagnes, les déserts sur les cartes.

Alors, le petit prince lui a demandé :

— Quelle planète me conseillez-vous de visiter ?

— La planète Terre, a dit le vieux monsieur. On dit qu'elle a une bonne réputation.

Et le petit prince est parti vers la planète Terre.

---

11.   **un savant** : qui a beaucoup de connaissances.

Après la lecture

Compréhension écrite et orale

🔊 **1** Écoutez et lisez le chapitre, puis cochez les affirmations exactes.

`piste 09`

1 ☐ La première personne que le petit prince rencontre est un roi.

2 ☐ Ce roi gouverne sur beaucoup de personnes.

3 ☐ Le roi nomme le petit prince ministre des sports.

4 ☐ Sur la planète suivante il rencontre un buveur.

5 ☐ Le buveur boit des tisanes.

6 ☐ Sur la troisième planète il rencontre une femme d'affaires.

7 ☐ Ce personnage est très occupé à compter.

8 ☐ La planète suivante est très grande.

9 ☐ Le petit prince trouve l'allumeur de réverbères sympathique.

10 ☐ Le géographe lui conseille de visiter Mars.

🔊 **2** Écoutez et lisez à nouveau le chapitre, puis complétez les phrases.

`piste 09`

1 Au cours de son voyage, le petit prince rencontre d'abord
.................., puis ...., ensuite ...., après
.................., enfin ....

2 Le roi veut ....

3 Le buveur boit pour ....

4 Le businessman compte les ....

5 L'allumeur de réverbères est très occupé parce qu'il n'arrête jamais
d' ....

6 Le géographe connaît les noms des ...., des ....,
des ...., dcs .... et des ....

52

Compréhension orale

3 **DELF** Écoutez l'enregistrement, puis dites quel personnage prononce les phrases que vous entendez.

piste 10

> Le petit prince   L'allumeur de réverbères
> Le businessman   Le géographe   Le roi

1 : ....

2 : ....

3 : ....

4 : ....

5 : ....

6 : ....

7 : ....

8 : ....

9 : ....

10 : ....

Grammaire

La formation de l'imparfait

Pour former l'imparfait, on ajoute les terminaisons **-ais**, **-ais**, **-ait**, **-ions**, **-iez**, **-aient** au radical de la première personne du pluriel du présent.

Infinitif	1ère personne pluriel du présent	Imparfait
écouter	nous **écout**-ons	*j'écout-ais*
faire	nous **fais**-ons	*je fais-ais*
boire	nous **buv**-ons	*je buv-ais*

4 Transformez ce texte à l'imparfait.

Le petit prince s'occupe de sa rose tous les jours. Le matin, il lui donne un peu d'eau fraîche. S'il y a du vent, il la met derrière un paravent, ou sous un globe. Mais la rose ne se rend pas compte de son amour, elle est trop orgueilleuse et égoïste.
Tous les jours, il s'occupe aussi de sa planète. Il nettoie les volcans et il arrache les pousses de baobab.

Autrefois, le petit prince ....
....
....

5 Conjuguez les formes verbales suivantes à l'imparfait, puis retrouvez-les dans la grille.

1 prendre, vous ....
2 jouer, ils ....
3 pleurer, tu ....
4 rougir, je ....

5 être, je ....
6 tenir, nous ....
7 avoir, ils ....
8 finir, tu ....

P	L	E	U	R	A	I	S	N
R	A	R	Z	O	Y	U	P	A
E	O	S	S	U	R	M	T	V
N	Q	T	T	G	E	G	E	A
I	C	E	I	I	B	V	N	I
E	T	A	I	S	H	C	I	E
Z	B	O	K	S	R	R	O	N
A	J	O	U	A	I	E	N	T
C	F	I	D	I	L	L	S	E
F	I	N	I	S	S	A	I	S

Production écrite et orale

6 DELF Le petit prince aurait aimé s'arrêter sur la planète de l'allumeur de réverbères. Et vous, sur quelle planète auriez-vous passé un peu de temps ? Pourquoi ?

7 Le petit prince a visité beaucoup d'autres planètes habitées par un seul personnage. Imaginez un dialogue entre le petit prince et l'une de ces personnes au choix :

— un professeur ;
— un gardien de but ;
— un contrôleur des chemins de fer ;
— un journaliste.

Un timbre avec l'image du petit prince.

Le petit prince et le businessman

Dans son voyage à travers les étoiles, le petit prince rencontre un businessman, qui possède et compte ses étoiles. La fiction est devenue réalité, car *Le Petit Prince* est une véritable affaire commerciale, qui fait tourner beaucoup d'argent et qui rapporte des millions d'euros chaque année aux héritiers [1] de l'écrivain.

Qui sont les héritiers ?

Antoine de Saint-Exupéry et son épouse Consuelo n'ont pas eu d'enfants. Alors, qui sont les héritiers ? Ce sont les descendants de Gabrielle, la sœur cadette de l'écrivain, la seule de ses quatre frères et sœurs à avoir eu des enfants. Mais c'est aussi un certain José, le secrétaire de Consuelo, l'épouse de l'écrivain. Avant de mourir en 1979, elle l'a désigné comme

---

1. **un héritier** : successeur.

son légataire [2] universel. Depuis, il ne cesse de s'opposer aux héritiers « de sang » devant les tribunaux pour des affaires d'argent. Mais quels intérêts sont en jeu dans cette bataille ?

Les droits d'auteur

En effet, *Le Petit Prince* est aujourd'hui encore le livre le plus vendu au monde et rapporte beaucoup d'argent aux héritiers de son créateur, même s'il est entré dans beaucoup de pays dans le domaine public (c'est-à-dire qu'il appartient à tout le monde, qu'on peut par exemple le télécharger librement, ou un éditeur peut le publier librement) depuis 2015. Partout dans le monde, sauf en France ! À cause des circonstances de la mort de l'écrivain (mort pour la France), les droits d'auteur (qui vont aux héritiers) sont protégés jusqu'en 2032. Ils sont évalués entre 1 et 2 millions d'euros par an.

---

2.   **un légataire** : bénéficiaire d'un don par testament.

Couvertures en plusieurs langues : l'histoire du petit prince a été traduite en plus de 250 langues et dialectes.

Une scène du *Petit Prince* de Stanley Donen, 1974.

Les adaptations théâtrales et cinématographiques

L'histoire du petit prince a été adaptée au cinéma et au théâtre. 5 films, 4 ballets, des comédies musicales, 4 dessins animés reprennent l'histoire de l'aviateur et du petit garçon blond. Le dernier dessin animé date de 2015. Réalisé par Mark Osborne, il a coûté une véritable fortune, rapporté de l'argent aux héritiers, et rencontré un succès planétaire.

La marque Le Petit Prince

Le Petit Prince, c'est aussi une marque créée il y a 25 ans. Elle exploite les dessins de Saint-Exupéry, et les « colle » sur tous les supports possibles et imaginables : tasses, assiettes, draps, meubles pour enfants, T-shirts, pyjamas, boîtes à biscuits, stylos, montres, boules à neige, etc. Naturellement, la vente de chacun de ces objets fait rapporter de l'argent aux héritiers.

Le parc de divertissement

En 2014, un parc d'attractions consacré au petit prince a ouvert ses portes à Ungersheim en Alsace. 32 attractions et des spectacles, tous en rapport avec le livre, permettent aux visiteurs, petits et grands, de passer une journée différente. On y observe des renards et des moutons, des roses et des avions. On y visite des expositions sur l'aviation, sur le monde des étoiles ; on s'amuse et on se fait peur sur des manèges[3] impressionnants.

Ce parc, c'est encore de l'argent pour les héritiers car la société qui l'a créé et qui le gère a naturellement payé des droits pour exploiter l'image du petit homme blond.

Et la poésie de l'enfance, dans tout ça ?

La statue du petit prince dans le parc de divertissement en Alsace.

3. **un manège** : attraction qui tourne autour d'un axe.

Compréhension écrite

1 Cochez les affirmations exactes.

1 ☐ Les héritiers d'Antoine de Saint-Exupéry sont ses deux enfants.

2 ☐ *Le Petit Prince* a rapporté beaucoup d'argent aux héritiers de l'écrivain.

3 ☐ Les « droits d'auteur », c'est l'argent que l'écrivain touche sur la vente de ses livres.

4 ☐ La marque « Le Petit Prince » exploite les dessins de Saint-Exupéry.

5 ☐ Le parc de divertissement consacré au petit prince se trouve en Bretagne.

6 ☐ Ce parc est consacré en partie à l'aviation.

Avant de lire

1 Les mots suivants sont dans le chapitre 6. Associez chaque mot à l'image correspondante.

a   du sable

c   un chasseur

e   un doigt

b   une route

d   une poule

f   de l'herbe

 1

 2

 3

 4

 5

 6

2 Les mots de la première colonne sont tous dans le chapitre 6. Associez chaque mot à son contraire.

1 ☐ apprivoisé

a   identique

2 ☐ différent

b   petit

3 ☐ grand

c   sauvage

4 ☐ mince

d   dissimuler

5 ☐ menteur

e   se lever

6 ☐ se coucher

f   sincère

7 ☐ s'approcher

g   épais

8 ☐ révéler

h   s'éloigner

Sur la planète Terre

piste 11

L a Terre est une planète différente. Sur la Terre, on compte cent onze rois, sept mille géographes, neuf cent mille businessmen, environ deux milliards de grandes personnes. En réalité, les hommes occupent peu de place sur la Terre, mais les grandes personnes pensent qu'elles occupent beaucoup de place, comme les baobabs. Ça les rend importantes de penser cela.

Quand il est arrivé sur la Terre, le petit prince a été très surpris : il n'y avait personne. Il a vu quelque chose remuer dans le sable.

— Sur quelle planète suis-je tombé ? a demandé le petit prince.

— Sur la Terre, a répondu le serpent, en Afrique.

— Alors il n'y a personne sur la Terre ?

— Ici, c'est le désert. Dans le désert, il n'y a personne, mais la Terre est grande. Que viens-tu faire ici ?

— J'ai des difficultés avec une fleur, a dit le petit prince. Où sont les hommes ?

Puis, il a regardé le serpent, et il lui a dit :

— Tu es une drôle de bête[1], mince comme un doigt.

— Mais je suis plus puissant que le doigt d'un roi, a dit le serpent. Je rends à la terre celui que je touche. Un jour, si tu regrettes[2] trop ta planète, je pourrai t'aider.

Le petit prince a traversé le désert. Il a marché longtemps.

Il est monté tout en haut d'une montagne, il a parlé avec l'écho.

Il a suivi une route et il est arrivé dans un jardin plein de roses.

— Bonjour, a dit le petit prince.

— Bonjour, ont répondu les roses.

— Mais qui êtes-vous ? a demandé le petit prince, très surpris car toutes ces roses étaient exactement comme sa fleur.

— Nous sommes des roses.

Le petit prince était malheureux. Sa fleur était une menteuse, elle n'était pas unique au monde, il y en avait des milliers comme elle dans un seul jardin. Il s'est couché dans l'herbe et a pleuré. Un renard s'est approché de lui.

— Bonjour, a dit le renard.

— Bonjour. Qui es-tu ?

— Je suis un renard.

— Viens jouer avec moi, je suis seul et triste, a dit le petit prince.

— Je ne peux pas jouer avec toi, je ne suis pas apprivoisé.

— Apprivoisé ? Qu'est-ce que ça veut dire ?

— C'est difficile à expliquer... Ça veut dire créer des liens. Tu es un petit garçon comme tous les autres, et moi je suis un renard comme des milliers de renards. Mais si tu m'apprivoises, tu auras

---

1. **une bête** : animal.
2. **regretter** : éprouver l'absence de quelque chose.

besoin de moi, et moi j'aurai besoin de toi. Pour moi, tu seras unique au monde.

— Je comprends, a dit le petit prince ; il y a une fleur sur ma planète, elle m'a apprivoisé...

Le renard très intéressé a demandé :

— Sur ta planète ? Il y a des chasseurs sur ta planète ?

— Non.

— C'est intéressant, et... il y a des poules ?

— Non.

— Rien n'est parfait, a soupiré le renard. Puis il a dit : apprivoise-moi !

— Comment je dois faire ?

— Tu dois être très patient. Assieds-toi dans l'herbe, loin de moi. Je te regarderai, je t'observerai. Chaque jour, à la même heure tu t'assoiras un peu plus près.

— Pourquoi à la même heure ?

— Comme ça je t'attendrai, je serai impatient de te voir.

Jour après jour, le petit prince a apprivoisé le renard.

Mais il voulait partir voir les roses.

— Vas-y, lui a dit le renard. Mais reviens me voir, je dois te révéler un grand secret.

Après la lecture

Compréhension écrite et orale

1 Écoutez et lisez le chapitre, puis cochez les affirmations exactes.

piste 11

1 La Terre est une planète différente parce que

   a ☐ elle n'a pas de baobabs.

   b ☐ il y a beaucoup de personnes.

   c ☐ les personnes occupent toute la place.

2 Le petit prince est tombé

   a ☐ dans le désert.

   b ☐ dans l'océan.

   c ☐ sur une montagne.

3 Il rencontre un serpent

   a ☐ mince comme un doigt.

   b ☐ épais comme un dictionnaire.

   c ☐ long comme un boa.

4 Le serpent propose au petit prince de l'aider

   a ☐ s'il veut rencontrer des roses.

   b ☐ s'il regrette trop sa planète.

   c ☐ s'il a peur.

5 Dans le jardin, le petit prince découvre que

   a ☐ sa rose a dit la vérité.

   b ☐ sa rose n'est pas unique.

   c ☐ sa rose a quitté sa planète.

6 Le renard ne peut pas jouer avec le petit prince parce qu'

   a ☐ il n'est pas apprivoisé.

   b ☐ il ne connaît pas les règles du jeu.

   c ☐ il a d'autres choses à faire.

7 Pour le renard la planète du petit prince n'est pas parfaite parce qu'

   a ☐ il n'y a pas de chasseurs.

   b ☐ il n'y a pas de poules.

   c ☐ il y a une seule rose.

piste 12

2 Écoutez l'enregistrement du dialogue entre le petit prince et le renard, puis corrigez les erreurs qui se sont glissées dans ce texte.

— Bonjour, a dit le renard.
— Bonjour. Comment t'appelles-tu ?
— Je suis un renard.
— Viens parler avec moi, je suis seul et triste, a dit le petit prince.
— Je ne veux pas jouer avec toi, je ne suis pas apprivoisé.
— Apprivoisé ? Qu'est-ce que tu veux dire ?
— C'est difficile à comprendre... ça veut dire former des liens. Tu es un enfant comme tous les autres, et moi je suis un renard comme des millions de renards. Mais si tu m'apprivoises, tu auras besoin de me voir, et moi j'aurai besoin de toi. Pour moi, tu seras unique au monde.

Grammaire

La formation du futur

Pour former le futur, on ajoute les terminaisons **-ai**, **-as**, **-a**, **-ons**, **-ez**, **-ont** à l'infinitif du verbe.

regarder → *je regarderai*

jouer → *je jouerai*

partir → *je partirai*

Quand l'infinitif se termine par un -e, on supprime le -e et on ajoute les desinences du futur.

attendre → *j'attendrai*

boire → *je boirai*

dire → *je dirai*

Certains verbes ont un **futur irrégulier** et ils ne se forment pas à partir de l'infinitif.

être → *je serai*	*tenir* → *je tiendrai*
avoir → *j'aurai*	*savoir* → *je saurai*
voir → *je verrai*	*pouvoir* → *je pourrai*
venir → *je viendrai*	*aller* → *j'irai*

3 Que fera-t-il l'été prochain ? Écrivez une phrase au futur sous chaque photo.

1 .... 2 .... 3 ....

4 .... 5 ....

Enrichissez votre vocabulaire

4 Associez chaque verbe de mouvement à l'image correspondante.

a Il monte.   **c** Il descend.   **e** Il traverse.

b Il tombe.   **d** Il marche.   **f** Il s'approche.

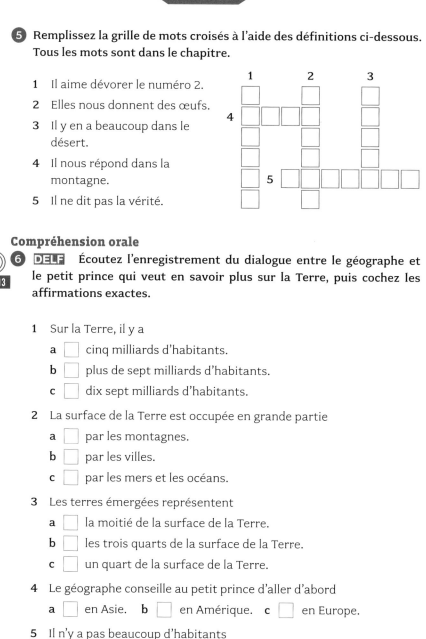

5 Remplissez la grille de mots croisés à l'aide des définitions ci-dessous. Tous les mots sont dans le chapitre.

1 Il aime dévorer le numéro 2.

2 Elles nous donnent des œufs.

3 Il y en a beaucoup dans le désert.

4 Il nous répond dans la montagne.

5 Il ne dit pas la vérité.

Compréhension orale

6 **DELF** Écoutez l'enregistrement du dialogue entre le géographe et le petit prince qui veut en savoir plus sur la Terre, puis cochez les affirmations exactes.

piste 13

1 Sur la Terre, il y a

    a ☐ cinq milliards d'habitants.

    b ☐ plus de sept milliards d'habitants.

    c ☐ dix sept milliards d'habitants.

2 La surface de la Terre est occupée en grande partie

    a ☐ par les montagnes.

    b ☐ par les villes.

    c ☐ par les mers et les océans.

3 Les terres émergées représentent

    a ☐ la moitié de la surface de la Terre.

    b ☐ les trois quarts de la surface de la Terre.

    c ☐ un quart de la surface de la Terre.

4 Le géographe conseille au petit prince d'aller d'abord

    a ☐ en Asie. b ☐ en Amérique. c ☐ en Europe.

5 Il n'y a pas beaucoup d'habitants

    a ☐ dans les déserts. b ☐ dans les plaines. c ☐ dans les villes.

Avant de lire

1 Les mots suivants sont dans le chapitre 7. Associez chaque mot à l'image correspondante.

a un puits **b** des pilules **c** un cœur
d un seau **e** un anniversaire

 1
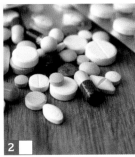 2
 3
 4
 5

2 Les mots de la première colonne sont tous dans le chapitre 7. Associez chaque mot à son synonyme.

1 ☐ une pilule   a un vendeur
2 ☐ un marchand   b intéressé
3 ☐ absurde   c trouver
4 ☐ cacher   d un comprimé
5 ☐ découvrir   e ridicule
6 ☐ intrigué   f dissimuler

Le secret ▬▬▬▬

piste 14

e petit prince est reparti voir les roses. Il leur a dit :
— Ce n'est pas vrai que vous êtes comme ma rose. Ma
rose, je l'ai apprivoisée, comme mon ami le renard. Ils
sont uniques au monde.

Les roses l'écoutaient, elles étaient un peu gênées [1]. Le petit
prince a continué :

— Vous êtes belles, mais vous êtes vides [2], vous n'êtes rien pour
moi. Ma rose, je suis capable de mourir pour elle.

Il est retourné voir le renard une dernière fois.

— Adieu, lui a dit le petit prince.

— Écoute mon secret, a dit le renard. On ne voit bien qu'avec le
cœur. L'essentiel est invisible pour les yeux.

---

1. **gêné** : confus, troublé.
2. **vide** : qui ne contient rien.

Le petit prince a répété le secret plusieurs fois pour ne pas l'oublier.

Le renard a ajouté :

— Tu es responsable de ta rose, parce que tu l'as apprivoisée. Ne l'oublie jamais !

Le petit prince est reparti, il a rencontré des hommes, des milliers d'hommes qui voyageaient, qui couraient, qui n'avaient jamais le temps de s'arrêter. Il a même rencontré un marchand qui vendait des pilules pour calmer la soif, pour ne pas perdre de temps à boire.

Mais les hommes, qu'est-ce qu'ils font avec tout ce temps qu'ils gagnent ? Le petit prince ne comprenait pas.

J'aurais bien aimé avoir une pilule pour ne pas avoir soif. Je n'avais presque plus d'eau, je n'arrivais pas à réparer mon avion.

Je l'ai dit au petit prince.

— On va mourir de soif.

Il m'a regardé, et il a dit :

— Moi aussi j'ai soif. Cherchons un puits.

Un puits dans le désert, c'était absurde, mais nous avons marché très longtemps. Le petit prince était fatigué, nous nous sommes assis dans le sable, à regarder les étoiles. Il m'a dit :

— Les étoiles sont belles, à cause d'une fleur que l'on ne voit pas. Le désert est beau, parce qu'il cache un puits.

Puis il s'est endormi. Je l'ai pris dans mes bras, et j'ai continué à marcher. Il souriait. C'est comme ça que j'ai découvert le puits, au petit matin. Le puits était prêt, il y avait une poulie[3], un seau, une corde. Lentement, j'ai remonté le seau plein d'eau. Le soleil se reflétait dans le seau.

---

3. **une poulie** : roue qui tourne autour d'un axe.

— J'ai soif de cette eau. Donne-moi à boire, a demandé le petit prince.

Nous avons bu tous les deux. J'étais heureux.

Le petit prince a demandé :

— Et la muselière pour mon mouton ? Elle est prête ? Tu me l'avais promise.

Je lui ai dessiné une muselière. J'étais intrigué. Il m'a dit :

— Tu sais, demain, ce sera l'anniversaire de mon arrivée sur la Terre. Je suis tombé tout près d'ici. Je revenais...

— Alors, quand je t'ai rencontré, la semaine dernière, tu revenais vers le point de ta chute [4] ?

Il n'a pas répondu, j'ai demandé à nouveau :

— Tu es revenu pour l'anniversaire ?

Il a rougi, ça voulait dire oui.

— Mais pourquoi ? Pourquoi es-tu revenu dans le désert ?

Il n'a pas répondu à ma question. Il a seulement dit :

— Tu dois travailler maintenant. Tu dois réparer ton avion.

Je n'étais pas rassuré [5], je repensais au secret du renard. On risque de pleurer si on a été apprivoisé...

---

4.   **une chute** : action de tomber.
5.   **rassuré** : calmé, tranquillisé.

Après la lecture

Compréhension écrite et orale

🔊 **piste 14**

1 Écoutez et lisez le chapitre, cochez les affirmations exactes, puis corrigez celles qui sont fausses.

1 ☐ Le renard révèle un secret au petit prince.

   ....

2 ☐ Il lui demande de vite oublier ce secret.

   ....

3 ☐ Sur la Terre, le petit prince n'a rencontré personne.

   ....

4 ☐ L'aviateur ne réussit pas à réparer son avion.

   ....

5 ☐ Le petit prince propose de chercher un puits.

   ....

6 ☐ L'aviateur trouve le puits, mais il est sec.

   ....

7 ☐ Le petit prince demande à l'aviateur de lui dessiner un autre mouton.

   ....

8 ☐ Le petit prince révèle à l'aviateur qu'il est tombé sur la Terre il y a presque un an.

   ....

🔊 **piste 14**

2 Écoutez à nouveau l'enregistrement du chapitre, puis associez chaque fin de phrase au début correspondant.

1 ☐ Ma rose, je l'ai apprivoisée
2 ☐ L'essentiel est invisible
3 ☐ Mais les hommes qu'est-ce qu'ils font
4 ☐ J'aurais bien aimé avoir une pilule
5 ☐ Le désert est beau

6 ☐ Nous nous sommes assis dans le sable

7 ☐ Demain ce sera l'anniversaire

a pour les yeux.

b à regarder les étoiles.

c parce qu'il cache un puits.

d comme mon ami le renard.

e pour ne pas avoir soif.

f de mon arrivée sur la Terre.

g avec tout ce temps qu'ils gagnent ?

Grammaire

Les pronoms relatifs qui et que

Pronom relatif sujet	Pronom relatif complément direct
Qui	Que
Sur ma planète, il y a une rose **qui** m'attend.	C'est un secret **que** tu ne dois pas oublier.
Devant une voyelle	
Qui	Qu'
C'est l'aviateur **qui** a rencontré le petit prince.	Le puits **qu'**il a trouvé était plein d'eau fraîche.

3 Complétez les phrases avec le pronom relatif *qui* ou *que* (*qu'*).

1 J'ai oublié le secret ……….. tu m'avais révélé.

2 Les véritables amis, ce sont ceux ……….. ne t'abandonnent pas dans les épreuves.

3 Le chapitre ……….. je viens de terminer est magnifique.

4 Les exercices ……….. nous devons faire pour demain sont très difficiles.

5 La muselière ……….. il a dessinée est trop petite.

6 Sa rose est unique, c'est la seule fleur ……….. il aime.

7 Il connaît une rose ……….. aime beaucoup mentir.

8 Les histoires ……….. il préfère, ce sont celles ……….. finissent bien.

4 Associez chaque fin de phrase au début correspondant.

1 ☐ Il n'oubliera jamais le secret
2 ☐ Il a retrouvé le puits
3 ☐ Sur la Terre, il y a des chasseurs
4 ☐ Il vend des pilules
5 ☐ Tu dois t'occuper du chien
6 ☐ Sur un astéroïde, il a rencontré un homme

a qu'il avait vu un an plus tôt.
b qui tuent les renards.
c que tu as adopté.
d que le renard lui a révélé.
e qui comptait les étoiles.
f qui servent à calmer la soif.

Enrichissez votre vocabulaire

5 Comment s'appellent les parties du corps ? Écrivez les mots ci-dessous à la bonne place.

le cou   la joue   la main   le pied   la jambe   le genou
l'épaule   les yeux   les oreilles   le coude

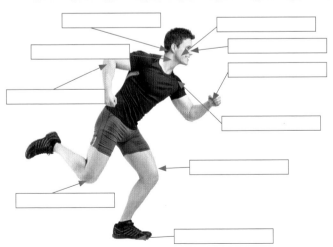

6 Remplissez la grille de mots croisés avec les mots qui complètent les définitions ci-dessous.

1 Nous en avons deux, et ils nous permettent de respirer. Ce sont les...

2 Il est formé de l'ensemble de tous les os. C'est le...

3 Ce sont les autoroutes de notre corps qui transportent le n. 7 du cœur vers les différents organes. Ce sont les...

4 Les aliments s'y arrêtent avant d'être digérés. C'est l'...

5 Cet organe est important pour la dépuration de l'organisme. C'est le...

6 Ils transmettent les messages qui partent du n. 8 vers tous les organes. Ce sont les...

7 Ce liquide rouge circule dans tout le corps. C'est le...

8 Il se trouve à l'intérieur de notre crâne. C'est notre ordinateur personnel. C'est le...

Production orale

7 DELF Perdre son temps, gagner du temps. On vous a déjà dit « Tu perds ton temps ! » ? Qui, dans quelles circonstances ? Dans votre vie quotidienne, vous aimez « prendre votre temps » ? Pour faire quoi ? Racontez.

Cinéma

Le petit prince sur la scène et à l'écran

L'histoire du petit prince, universellement connue, a naturellement inspiré beaucoup de réalisateurs qui ont voulu l'adapter pour la scène et pour l'écran.

Le petit prince sur grand écran

Un projet…

Le réalisateur et acteur américain Orson Welles pense à adapter pour le grand écran le roman de Saint-Exupéry en 1943, c'est-à-dire immédiatement après sa parution. Il bloque même les droits et commence à écrire un scénario. Il imagine un mélange de cinéma, avec des acteurs (il se réserve le rôle de l'aviateur) et des dessins animés. Pour cela, il contacte Walt Disney. Mais Disney ne partage pas son enthousiasme et le projet est abandonné. Il aurait dit à l'époque : « Il n'y a pas la place pour deux génies dans un même bureau ».

Orson Welles et Walt Disney.

Le Petit Prince de **Mark Osborne**

Après Orson Welles, d'autres réalisateurs essayent de porter sur grand écran l'histoire du petit prince, aux États-Unis, en Union soviétique ou en France, mais il faut attendre 2015 pour qu'un projet se réalise, grâce à Mark Osborne.

Ce réalisateur américain, né en 1970, est déjà connu dans le monde de l'animation. Ses premiers films, *More*, puis *Kung Fu Panda*, ont remporté un grand succès. Adapter l'histoire du petit prince est un véritable défi pour lui.

Que vouliez-vous faire à partir du Petit Prince ?
J'ai envisagé mon film comme un hommage, une déclaration d'amour au livre et au rapport intime qu'on entretient avec lui. Je n'ai jamais eu l'idée de transposer littéralement Le Petit Prince sur grand écran. Je tenais à protéger l'œuvre d'art, fragile et poétique, que chacun interprète différemment. Voilà pourquoi il me fallait une intrigue parallèle. **Celle d'une fillette dont l'existence est entièrement programmée par sa mère...** Cela vient de mon expérience de parent : on veut le meilleur pour nos enfants, mais on commet souvent des erreurs ! Je souhaitais aussi parler de la peur de grandir, qui engendre [1] un stress énorme, un sentiment de solitude, d'isolement et d'abandon.

1. **engendrer** : causer, déterminer.

Dans son film, Mark Osborne introduit de nouveaux personnages, en particulier une petite fille dont l'existence a été programmée par une mère ambitieuse. C'est à travers les yeux de cette petite fille que le spectateur découvre l'histoire du petit prince.
Du point de vue technique, Osborne mélange deux types d'animation :

des images de synthèse désormais traditionnelles et le « stop motion animation » avec des figurines en papier.

Le film remporte un immense succès dans le monde entier, même si les critiques se sont partagés : ses détracteurs reprochent au réalisateur de ne pas être resté fidèle au texte original, tandis que ses admirateurs trouvent que son adaptation ne trahit pas la poésie et la magie de l'histoire de Saint-Exupéry.

Le petit prince sur la scène

Des pièces de théâtre

Le Petit Prince est monté sur les planches [2] pour la première fois en 1963. Depuis, on compte des centaines d'adaptation du texte pour le théâtre dans le monde. Naturellement chaque metteur en scène a donné sa propre interprétation du texte : par exemple, l'auteur Virgil Tanase imagine que l'aviateur vient de connaître une grande déception amoureuse.

Une comédie musicale

En 2002, l'auteur compositeur franco italien Richard Cocciante crée une comédie musicale à partir de l'histoire du petit prince, où les chansons s'alternent avec les dialogues tirés du roman. La comédie musicale est très fidèle au livre ; c'est un jeune garçon de 13 ans, Jeff, qui interprète le petit prince. Voici de petits extraits de deux chansons tirées de cette comédie musicale :

Les baobabs

*Faites attention aux baobabs
Ils envahissent la planète
Il ne faut surtout pas remettre
Ce travail à plus tard
Car plus tard c'est trop tard.*

C'est triste d'oublier un ami

*J'essai de tracer son portrait
Et de lui ressembler trait pour trait
Mais pourtant
Je me trompe sur la taille
Et sur certains détails
importants
C'est triste d'oublier un ami
Ça dure si peu de temps
Ça prend toute une vie.*

---

2. **monter sur les planches** : se produire sur la scène d'un théâtre.

Un opéra

En 2003, Rachel Portman, compositeur britannique, crée un opéra en deux actes à partir de l'histoire imaginée par l'aviateur écrivain. Vingt enfants forment le chœur de cette adaptation musicale.

Le petit prince et le renard dans le film d'Osborne, reproduits avec le « stop motion animation ».

Compréhension écrite

1 Lisez ce dossier, puis cochez les affirmations exactes.

1 ☐ Il existe plusieurs versions cinématographiques du *Petit Prince*.

2 ☐ La première de ces versions a été réalisée par Orson Welles.

3 ☐ Walt Disney a fait un dessin animé intitulé « Le Petit Prince ».

4 ☐ Mark Osborne est un réalisateur américain.

5 ☐ *Le Petit Prince* est son premier film d'animation.

6 ☐ Dans son film, le petit prince est une petite fille.

7 ☐ Tous les critiques n'ont pas apprécié son film.

8 ☐ Il n'y a pas eu d'adaptation théâtrale du *Petit Prince*.

9 ☐ La comédie musicale a été créée en 2003.

10 ☐ *Le Petit Prince* est aussi devenu un opéra américain.

Avant de lire

1 Que font-ils ? Cochez sous chaque photo la didascalie exacte.

a ☐ Il est assis les jambes pendantes.

b ☐ Il est assis les jambes croisées.

a ☐ Il a laissé des traces dans la boue.

b ☐ Il a laissé des traces dans le sable.

a ☐ Il baisse les yeux.

b ☐ Il lève les yeux.

a ☐ Il est tout rouge.

b ☐ Il est tout pâle.

a ☐ Il lui entoure le cou de ses bras.

b ☐ Il lui entoure la taille de ses bras.

a ☐ Il le dépasse.

b ☐ Il le rejoint.

CHAPITRE **8**

L'adieu

L e lendemain soir, je voulais annoncer une bonne nouvelle au petit prince : j'avais réussi à réparer le moteur de mon avion, j'étais sauvé. Je suis revenu vers le puits, et j'ai aperçu le petit prince assis au sommet d'un mur, les jambes pendantes. Il parlait.

— Ce n'est pas exactement ici, tu ne t'en souviens pas ?

Une voix a répondu :

— Si, je m'en souviens, c'est aujourd'hui, ce soir, mais pas loin d'ici.

Le petit prince a répondu :

— Oui. Tu verras ma trace dans le sable. Attends-moi, cette nuit j'y serai.

Je n'étais pas loin du mur, mais je ne voyais pas à qui il parlait.

Il a demandé :

L'adieu

— Tu as du bon venin [1], tu es sûr de ne pas me faire mal ?

Je ne comprenais pas, mais j'avais le cœur serré. J'ai baissé les yeux. Alors, j'ai vu. Au pied du mur, il y avait un serpent jaune, un serpent du désert, dressé [2] vers le petit prince. J'ai cherché mon révolver dans ma poche, mais le serpent m'avait entendu et tout de suite il a disparu dans le sable.

J'ai rejoint le petit prince. Il venait de sauter du mur, et il était tout pâle.

— Tu parles avec les serpents ? Qu'est-ce que c'est, cette histoire de venin ?

Je l'ai fait boire, il m'a entouré le cou de ses bras. Je n'osais rien lui demander. Il m'a dit :

— Je suis content, tu as réparé ton moteur, tu vas pouvoir rentrer chez toi.

J'étais surpris, comment pouvait-il le savoir ? Il m'a dit :

— Moi aussi, aujourd'hui, je vais rentrer chez moi. Mais c'est très loin, c'est difficile.

Il a continué, avec un sourire mélancolique [3] :

— J'ai ton mouton, j'ai la caisse, j'ai la muselière. Ce soir, j'aurai peur. Cette nuit, ça fera un an que je suis arrivé, mon étoile sera juste au-dessus de l'endroit où je suis tombé.

J'avais peur, je ne voulais pas le perdre.

— Dis-moi que ce n'est pas vrai, que c'est un mauvais rêve.

Il m'a dit, toujours avec un sourire triste :

— La nuit tu regarderas les étoiles. Tu aimeras les regarder, parce que tu sauras que je suis sur une de ces étoiles.

Il riait maintenant. Je lui ai dit :

---

1. **un venin** : poison.
2. **dressé** : levé.
3. **mélancolique** : triste.

— J'aime entendre ton rire !

Il riait toujours, il m'a dit :

— Quand tu regarderas le ciel, la nuit, tu entendras mon rire, et tu seras heureux. Tu seras content de m'avoir rencontré.

Puis, il est redevenu sérieux.

— Cette nuit, ne viens pas avec moi. J'aurai l'air de mourir... et puis c'est dangereux, le serpent ne doit pas te mordre, toi.

Il a réfléchi, et il a dit, un peu rassuré :

— Mais ils n'ont du venin que pour une morsure...

Cette nuit-là, il est parti sans bruit. Mais je l'ai suivi, et quand je l'ai rejoint, il m'a pris la main. Il m'a dit :

— Tu as eu tort de venir, tu auras de la peine. Mais je ne serai pas mort. Tu comprends, mon corps est trop lourd, je ne peux pas l'emporter avec moi.

Puis, il m'a dit :

— Laisse-moi maintenant. Tu sais, je dois partir. Je suis responsable de ma fleur. Elle est faible, elle a besoin de moi.

Il s'est relevé. Il y a eu un éclair [4] jaune à côté de sa cheville. Il est tombé doucement, comme tombe un arbre.

Six années ont passé depuis mon aventure dans le désert, et je n'ai raconté mon histoire à personne. Quand mes camarades me demandent pourquoi je suis triste, je leur dis que je suis seulement fatigué. En réalité, je pense au petit prince qui est retourné sur sa planète, qui a retrouvé sa rose et ses volcans.

Mais je suis inquiet aussi. J'ai oublié de mettre une courroie [5] de cuir à la muselière du mouton, je me demande si le mouton

---

4. **un éclair** : lumière intense, foudre.
5. **une courroie** : bande qui sert à lier.

n'a pas mangé la fleur. Puis je me rassure, je me dis que ce n'est pas possible, parce que le petit prince met sa fleur sous un globe de verre la nuit. Et cela me rend heureux, je regarde le ciel et les étoiles rient doucement. Puis, mes inquiétudes reviennent : le mouton pourrait sortir la nuit et dévorer[6] la fleur. Je regarde le ciel et les étoiles pleurent.

Vous aussi, si vous aimez le petit prince comme moi, si vous pensez à lui, regardez le ciel. Demandez-vous si le mouton a mangé ou non la fleur. Vous verrez, tout change. Parfois les étoiles rient, parfois elles pleurent.

Mais aucune grande personne ne pourra jamais comprendre que ça a tellement d'importance.

---

6. **dévorer** : manger avec avidité.

Après la lecture

Compréhension écrite et orale

1 Écoutez le chapitre, puis cochez les affirmations exactes.

piste 15

1 L'aviateur veut annoncer au petit prince
   a ☐ qu'il a réparé le moteur de son avion.
   b ☐ qu'il n'y a plus d'eau dans le puits.
   c ☐ qu'il a dessiné une muselière pour le mouton.

2 Le petit prince est en train de parler avec
   a ☐ le renard.
   b ☐ la rose.
   c ☐ le serpent.

3 Le petit prince annonce à l'aviateur
   a ☐ qu'il va rentrer sur sa planète.
   b ☐ qu'il ne pourra pas emmener le mouton.
   c ☐ qu'il n'aime plus sa rose.

4 Ça fait un an que le petit prince
   a ☐ a quitté sa planète.
   b ☐ est arrivé sur la Terre.
   c ☐ a rencontré l'aviateur.

5 Le soir le petit prince a rendez-vous avec
   a ☐ l'aviateur.
   b ☐ le serpent.
   c ☐ les roses.

6 Quand il repense au petit prince l'aviateur est
   a ☐ parfois triste, parfois heureux.
   b ☐ fatigué.
   c ☐ incrédule.

2 **Lisez le chapitre, puis répondez aux questions.**

1   À qui le petit prince donne-t-il rendez-vous pour le soir?

....

2   Que veut faire l'aviateur quand il voit le serpent ?

....

3   Pourquoi le petit prince a-t-il décidé de rentrer chez lui précisément ce soir-là ?

....

4   Pourquoi il ne veut pas que l'aviateur l'accompagne à son rendez-vous avec le serpent ?

....

5   L'aviateur a-t-il parlé de son aventure dans le désert à ses amis ? Pourquoi ?

....

Grammaire

Le passé composé

On emploie le passé composé pour une action qui se situe dans le passé et qui est terminée.

Il se forme avec l'auxiliaire **être** ou **avoir** + le **participe passé**.

Règle d'accord générale :

• Avec l'auxiliaire **être**, le participe passé s'accorde avec le sujet.

*Elle **est arrivée** en retard.   Ils **sont partis**.   Nous nous **sommes levés**.*

• Avec l'auxiliaire **avoir**, le participe passé s'accorde avec le complément d'objet direct si celui-ci se trouve avant le verbe.

*Ils **ont dessiné** une muselière.*

*Le petit prince a pris la muselière que j'**ai dessinée**.*

3 Voici des phrases au passé composé. Donnez l'infinitif du verbe souligné.

1 Il a attendu pendant 2 heures. ....

2 Nous n'avons pas pu venir vous voir. ....

3 Il n'a raconté cette aventure à personne. ....

4 Quand il a vu le serpent, il a eu très peur. ....

5 J'ai été très heureuse de vous revoir. ....

6 Il a mis la muselière au mouton. ....

4 Accordez le participe passé si nécessaire.

1 Tu as conservé...... les dessins que je t'ai donné...... ?

2 Elles se sont levé...... trop tard, elles ont raté...... leur train.

3 J'ai suivi...... les conseils que tu m'as donné...... .

4 Ses amis ont oublié...... de l'appeler.

5 Elle a mangé...... tous les chocolats que tu lui as offert...... .

6 En Afrique, nous avons vu...... des serpents qui sont venimeux.

5 Transformez les phrases au passé composé.

1 Elle prend le train de 8h12 pour aller travailler.
   Hier, ...

2 Sa sœur vient la voir dimanche.
   Dimanche dernier, ...

3 Nous laissons notre voiture devant le garage.
   Hier soir, ...

4 Il lit tous les livres que son professeur lui conseille.
   L'année dernière, ...

5 Il réussit à réparer le moteur de son avion.
   Le mois dernier, ...

6 Il pleut beaucoup en automne.
   L'automne dernier, ...

Enrichissez votre vocabulaire

6 Associez chaque mot de la première colonne à son contraire.

1	☐	léger	a	oublier
2	☐	fort	b	disparaître
3	☐	tomber	c	lourd
4	☐	près de	d	réussir
5	☐	se rappeler	e	faible
6	☐	apparaître	f	loin de
7	☐	échouer	g	se relever

7 Retrouvez dans le serpent ci-dessous les mots qui correspondent aux définitions suivantes. Attention aux lettres en trop !

1. La substance mortelle que certains animaux peuvent transmettre à l'homme : ....
2. La blessure que l'on a quand un animal nous mord : ....
3. L'objet qui empêche les chiens de mordre : ....
4. On en fait la nuit quand on dort : ....
5. Il faut le faire quand on a soif : ....
6. Quitter la vie : ....
7. La couleur du soleil : ....
8. Dans le désert, il y en a beaucoup : ....

Production orale

8 Un ami vous demande de lui prêter *Le Petit Prince* car il a envie de le lire. Vous lui conseillez ou vous lui déconseillez cette lecture ? Quels sont vos arguments ?

9 Vous venez de terminer la lecture du *Petit Prince*. Que répondez-vous à la question : « *Le Petit Prince*, qu'est-ce que c'est ? Une histoire pour enfants ? Un conte fantastique ? Un conte philosophique ? Un écrit poétique ? ». Justifiez votre réponse.

1 Remettez les dessins dans l'ordre chronologique de l'histoire, puis associez un titre à chaque image.

2 Dites si les affirmations suivantes sont vraies (V) ou fausses (F). Corrigez les affirmations fausses.

V F

1 Quand le petit prince a rencontré l'aviateur, il venait d'arriver sur la Terre. ☐☐

2 Le petit prince vient d'une planète minuscule, sans doute l'astéroïde B612. ☐☐

3 L'aviateur est dans le désert à cause d'une panne de moteur de son avion. ☐☐

4 Avant d'arriver sur la Terre, le petit prince a visité beaucoup de planètes. ☐☐

5 Sur une de ces planètes, il a rencontré un serpent. ☐☐

6 Le petit prince a quitté sa planète à cause d'une rose. ☐☐

7 Sur la Terre, le petit prince a rencontré un loup, qui lui a confié un secret. ☐☐

8 Le petit prince décide de retourner sur sa planète, après être resté deux ans sur la Terre. ☐☐

9 Quand il était petit, l'aviateur aimait dessiner. ☐☐

10 L'aviateur n'arrive pas à réparer son avion, il meurt dans le désert. ☐☐

11 Le businessman possède des mouches. ☐☐

12 Sur la planète du petit prince, il y a une forêt de baobabs. ☐☐

3 Répondez aux questions.

1 Pourquoi le buveur boit-il ?

2 Quel est le secret du renard ?

3 Pourquoi l'aviateur dessine-t-il une muselière ?

4 Pourquoi le petit prince peut-il admirer plusieurs couchers de soleil par jour sur sa planète ?

5 Quelle planète le géographe conseille-t-il au petit prince de visiter ?

6 Pourquoi l'aviateur ne raconte-t-il pas sa rencontre avec le petit prince ?

4 Qu'est ce que c'est ? Associez chaque mot à l'image correspondante.

a une poule b un seau c des pilules d un puits e un troupeau
f un papillon g une muselière h une chenille i une épine

5 Transformez ces phrases à la forme progressive.

1 Il répare le moteur de son avion. ....

2 Je prépare ma valise. ....

6 Quels sont les adjectifs ordinaux correspondant aux chiffres et aux nombres suivants ?

a 32.................................   d 3...................................

b 15.................................   e 9...................................

c 100...............................   f 12..................................

7 Formulez des phrases hypothétiques, à partir des indications suivantes.

1 Le mouton mange les fleurs, la rose du petit prince est en danger.

....

2 Le petit prince apprivoise le renard, il devient son ami.

....

3 Ta rose te fait souffrir, tu dois partir.

....

4 Vous êtes tristes, vous devez regarder les étoiles.

....

8 Transformez ces phrases avec le verbe *devoir* au présent, à l'imparfait, au passé composé ou au futur simple.

1 Il faut apprendre la géographie : vous ....

2 Il a fallu demander de l'aide : nous ....

3 Il faudra penser au petit prince : tu ....

4 Il fallait absolument réparer le moteur : il ....

9 Transformez ces formes verbales à l'imparfait, au futur simple et au passé composé.

1 Nous écoutons   3 Tu prends   5 Vous dites

2 Vous êtes   4 J'ai   6 Ils finissent

10 **Cochez les affirmations exactes.**

1 Antoine de Saint-Exupéry est né à
   a ☐ Lyon.
   b ☐ Paris.
   c ☐ Casablanca.

2 Il est mort
   a ☐ en 1945 dans un accident de voiture.
   b ☐ en 1943 pendant la guerre.
   c ☐ en 1944 quand son avion est disparu.

3 Il a écrit
   a ☐ *L'étranger.*
   b ☐ *Vol de nuit.*
   c ☐ *Le tour du monde en 80 jours.*

4 Les frères Wright ont fait voler leur avion
   a ☐ au dessus de la Manche.
   b ☐ sur une plage des États-Unis.
   c ☐ au dessus de la Méditerranée.

5 Charles Lindbergh est le premier aviateur qui a réalisé
   a ☐ la traversée de la Manche.
   b ☐ la traversée de l'océan Indien.
   c ☐ la traversée de l'océan Atlantique.

6 Il y a un parc de divertissement dédié au petit prince
   a ☐ en Alsace.
   b ☐ en Bourgogne.
   c ☐ en Bretagne.

Les structures grammaticales employées dans les lectures graduées sont adaptées à chaque niveau de difficulté. Tu peux trouver sur notre site Internet, blackcat-cideb.com, la liste complète des structures utilisées dans la collection.

L'objectif est de permettre au lecteur une approche progressive de la langue étrangère, un maniement plus sûr du lexique et des structures grâce à une lecture guidée et à des exercices qui reprennent les points de grammaire essentiels.

Cette collection de lectures se base sur des standards lexicaux et grammaticaux reconnus au niveau international.

Niveau Deux A2

Adjectifs indéfinis, ordinaux
Adverbes de fréquence, de lieu
Comparatif
Complément du nom
Conditionnel de politesse
Futur proche
Il faut + infinitif
Impératif négatif
Indicatif : passé composé, imparfait, futur
Négation complexe

Participe passé
Passé récent
Prépositions de lieu, de temps
Présent progressif
Pronoms « on », personnels compléments, interrogatifs composés, relatifs simples
Réponses : *oui, si, non, moi aussi, moi non plus*
Verbes pronominaux, indirects
Y / *En*

Niveau Deux
Si tu as aimé cette lecture, tu peux essayer aussi...

- *Deux ans de vacances*, de Jules Verne
- *Au revoir, les enfants*, de Louis Malle
- *Gargantua et Pantagruel*, de François Rabelais

Niveau Trois
...ou tu peux choisir un titre du niveau suivant !

- *Le Fantôme de l'Opéra*, de Gaston Leroux
- *Les Misérables*, de Victor Hugo
- *Les Trois Mousquetaires*, de Alexandre Dumas père